분야별로 배우는
시사 영단어

시사영단어

초판 1쇄 인쇄 | 2018년 11월 26일
초판 1쇄 발행 | 2018년 11월 30일

편저 | 네오 영어팀
펴낸곳 | 좋은친구 출판사
펴낸이 | 조병욱
디자인 | 디자인 감7
등록번호 | 제2016-9호
주소 | 서울특별시 도봉구 시루봉로 192-6
전화 | 070-8182-1779 **팩스** | 02-6937-1195
E-mail | friendbooks@naver.com

ISBN 979-11-88483-10-5 13740

값 10,000원

◉ 잘못 만들어진 책은 구입처에서 교환해 드립니다.

이 도서의 국립중앙도서관 출판예정도서목록(CIP)은 서지정보유통지원시스템 홈페이지
(http://seoji.nl.go.kr)와 국가자료공동목록시스템(http://www.nl.go.kr/kolisnet)에서 이용하실 수 있습니다. (CIP제어번호: CIP2018033663)

분야별로 배우는

배우는

시사영단어

영어회화에서
꼭 필요한 시사에
강한 영단어

 네오 영어팀 편저

좋은
친구

우리가 영어를 공부하기 시작할 때 가장 먼저 접하는 것이 바로 단어입니다. 그리고 영어 실력이 향상될 때마다 더 많은 양과 질을 필요로 하는 것도 단어입니다. 그러나 단어 공부는 그 방대함 때문에 영어의 다른 어떤 파트를 공부하는 것보다 훨씬 고단하고 많은 인내심이 필요하게 됩니다. 그래서 많은 사람들이 단어장의 앞쪽 부분만 몇 번이고 반복하다가 결국은 포기하는 경우를 어렵지 않게 볼 수 있습니다.

외국어 능력을 평가함에 있어서 어휘가 차지하는 비율은 매우 높습니다. 자기 머릿속에 내장시킨 어휘량이 많을수록 문장 구사력이 매끄럽고 부드러워집니다. 영어 역시 다른 외국어와 마찬가지입니다. 영어에 입문했거나 초급 수준에서는 어휘량이 자신의 영어 실력에 큰 영향을 끼치지 않습니다. 하지만 점점 깊이 공부하게 되고 중급을 넘어 고급 수준의 실력에 올라갔을 때에는 얼마나 많은 어휘를 알고 있느냐에 따라 실력이 탁월한지 아닌지를 판단하게 됩니다.

이렇게 중요한 어휘를 누구보다 짧은 시간에 훨씬 더 많은 양을 자기 단어로 만드느냐하는 어휘 공부법은 안타깝게도 존재하지 않습니다. 오로지 영어에 푹 빠져서 매일매일 꾸준히 한 단어 한 단어 암기해 나가는 수밖에 없습니다. 이 책 역시 앞에서 말한 대로 꾸준한 공부법이 바탕에 깔려 있는 상태에서야 비로소 그 빛을 발할 수 있을 것입니다.

이 책의 특징은 우리가 일상생활에서 자주 쓰이는 단어들을 분야별로 정리해서 짧은 한글 문장 속에서 익히게 했다는 점입니다. 독자들은 한글 문장을 읽으면서 문장 속에 포함된 단어들이 어떤 때에 사용되고 어떤 의미로 쓰이는지 알 수 있습니다. 또한 주요 단어를 한글로 먼저 읽음으로써 단어와 그 뜻을 조금 더 효과적으로 연상하면서 암기할 수 있습니다.

처음 이 책을 보실 때에는 암기하려는 생각보다는 그냥 신문을 읽듯이 한 번 훑어본다는 느낌으로 한 장, 한 장 읽어 보세요. 그렇게 처음부터 끝까지 본 후에, 다시 한번 한 단어, 한 단어 집중하여 공부한다면 분명히 스스로도 놀랄 정도의 큰 효과를 얻으실 수 있을 것입니다.

아무쪼록 이 책이 여러분의 어휘력 향상에 큰 도움이 되어서 요즘 같은 국제화 시대에 여러분의 경쟁력을 높이는 데 큰 도움이 되었으면 하는 바람입니다.

| 차 례 |

01 국가와 정치

02 정부와 행정

03 안보와 분쟁

04 법과 범죄

05 사회와 복지

06 교육과 종교

chapter
01

nation & politics

01 국가와 정치

1 국가와 국민

각 **나라**는 그 나라 고유의 **국기**와 **국가**를 가지고 있다.

Each country has its own Flag and National Anthem.

1 country [kʌ́ntri]
명 나라, 국가, 시골

2 flag [flæg]
명 기, 국기, 깃발

3 national anthem [nǽʃənəl ǽnθəm]
명 국가 ▶ anthem : 노래, 성가

이탈리아 **공화국**은 남유럽에 있는 **독립** **국가**이다.

Italian Republic is an independent nation in southern Europe.

1 republic [ripʌ́blik]
명 공화국

2 independent [ìndipéndənt]
형 독립한, 자주의

3 nation [néiʃən]
명 국가

주권 **국가**만이 **유엔 안전 보장 이사회**에서 의석을 차지할 수 있다.

Only sovereign states can hold seats at the Security Council.

1 sovereign [sɑ́vərin]
형 주권이 있는 명 주권자, 독립국

2 state [steit]
명 국가, 나라, 주

3 Security Council [sikjúəriti káunsəl]
명 유엔 안전 보장 이사회

호주는 모든 **인종**①과 **민족**②에게 열려 있는 자유주의 국가이다.

Australia is a free country open to all races and nationalities.

1 race [reis]
명 인종, 종족

2 nationality [næ̀ʃənǽləti]
명 민족, 국적

국가는 단일 **부족**①이나 **공동체**②보다 더 큰, 문화적으로 **동질적인**③ 사람들의 집단이다.

Nations are culturally homogeneous groups of people, larger than a single tribe or community.

1 tribe [traib]
명 부족, 종족

2 community [kəmjúːnəti]
명 공동체, 사회, 공동 사회

3 homogeneous [hòumədʒíːniəs]
형 동질의, 동종의

개인의① **주권**② 없이 국가의 주권이 있을 수 없다.

Without individual sovereignty, there can be no national sovereignty.

1 individual [ìndəvídʒuəl]
형 개개의, 개인의 명 개인

2 sovereignty [sávərənti]
명 주권, 자주권

그는 **민족주의**① 의식이 강한 진정한 **애국자**②였다.

He was a true patriot, with a strong sense of nationalism.

1 nationalism [nǽʃənəlìzəm]
명 국가주의, 민족주의

2 patriot [péitriət]
명 애국자

적①이 **국경**②을 넘어서 우리 **영토**③를 **침범했다**④.

The enemy crossed our borders and invaded our territory.

1 enemy [énəmi]
⑲ 적, 적수, 경쟁 상대

2 border [bɔ́ːrdər]
⑲ 경계, 국경, 테두리

3 territory [térətɔ̀ːri]
⑲ 영토, 영지

4 invade [invéid]
⑧ 침입하다, 침공하다

보충 어휘 ◑ territorial waters : 영해
◑ airspace : 영공

카타르는 한때 영국의 **식민지**①였지만 1971년에 **독립**②했다.

Qatar was once a British colony, but gained independence in 1971.

1 colony [kɑ́ːləni]
⑲ 식민지

2 independence [ìndipéndəns]
⑲ 독립, 자립

이스라엘은 1967년에 동 예루살렘을 **점령하고**① **합병시켰다**②.

Israel captured east Jerusalem in 1967 and annexed it.

1 capture [kǽptʃər]
⑧ 붙잡다, 생포하다, 점령하다

2 annex [ənéks]
⑧ 합병하다, 추가하다

중국은 **통합된**① **다민족**② 국가이다.

China is a united multiethnic country.

1 united [juːnáitid]
⑳ 연합한, 통합된, 단결한

2 multiethnic [mʌ̀ltiéθnik]
⑳ 다민족의

국가 연합①은 주권 국가들의 **자발적인**② 제휴③이다.

☞ Confederation is a voluntary association of sovereign states.

1 confederation [kənfèdəréiʃən]　　**2** voluntary [vάləntèri]
　명 동맹, 연합, 연방　　　　　　　　　　형 자발적인

3 association [əsòusiéiʃən]
　명 연합, 제휴, 협회

세르비아와 러시아는 코소보의 **분리 독립**①을 **격렬하게**② 반
대했다③.

☞ Kosovo's secession is fiercely opposed by Serbia and Russia.

1 secession [siséʃən]　　**2** fiercely [fiərsli]
　명 분리 독립, 탈퇴　　　　　　　　부 맹렬하게, 사납게

3 oppose [əpóuz]
　동 반대하다

13

그 나라는 세계에서 가장 **잔혹한**[1] **정권**[2] 중의 하나에 의해 **통치되고**[3] 있다.

> The country is ruled by one of the world's most brutal regimes.

1 brutal [brúːtl]
혱 잔인한, 사나운

2 regime [reiʒíːm]
명 정권, 정부

3 rule [ruːl]
동 다스리다, 통치하다

노르웨이의 **정부**[1] 형태는 **입헌**[2] **군주제**[3]이다.

> Norway's government type is a constitutional monarchy.

1 government [gʌ́vərnmənt]
명 정부, 내각, 통치

2 constitutional [kɑ̀nstətjúːʃənəl]
혱 입헌적인, 헌법의, 합헌의

3 monarchy [mɑ́nərki]
명 군주제, 군주 정치

자본주의[1]와 **민주주의**[2]는 **독재정권**[3]과 **공산주의**[4]에 바로 반대되는 개념이다.

> Capitalism and democracy is directly opposed to dictatorship and communism.

1 capitalism [kǽpitəlìzəm]
명 자본주의

2 democracy [dimɑ́krəsi]
명 민주주의, 민주정치

3 dictatorship [díkteitərʃip]
명 독재(권), 독재 정권

4 communism [kɑ́mjənìzəm]
명 공산주의

언론①**의 자유**②**는 어느 민주**③**국가에서도 중요한 부분이다.**

Freedom of speech is an important part of any democratic country.

1 speech [spiːtʃ]

圐 말, 연설

2 freedom [fríːdəm]

圐 자유 ▶ freedom of speech : 언론의 자유

3 democratic [dèməkrǽtik]

톙 민주주의의, 민주적인

많은 사람들이 독재자①**의 잔혹한 탄압**②**에 의해 죽었다.**

Many people were killed during a brutal crackdown by the dictator.

1 dictator [díkteitər]

圐 독재자, 절대 권력자

2 crackdown [krǽkdàun]

圐 탄압, 단속, 타격, 강경 조처

그 새 정부는 폭도①**들에 의해 통제되고 있는 지역에 계엄령**②**을 선포했다**③**.**

The new government declared martial law in areas controlled by insurgents.

1 insurgent [insə́ːrdʒənt]

圐 폭도, 반란자

2 martial law [máːrʃəl lɔ]

圐 계엄령

3 declare [diklɛ́ər]

통 선포하다, 선언하다, 발표하다

> 그 **시위**^①는 **평화적**^②이었고 전혀 **폭력**^③적이지 않았다.

The demonstration was peaceful and not violence at all.

1 demonstration [dèmənstréiʃən]   **2** peaceful [píːsfəl]

명 데모, 시위 운동, 증명   형 평화적인, 평화로운

3 violence [váiələns]

명 폭력, 난폭, 격렬함

> **시위대**^①는 돌과 **화염병**^②을 **폭동**^③ 진압 경찰에게 던졌다.

Protesters threw stones and petrol bombs at riot police.

1 protester [prətéstər]   **2** petrol bomb [pétrəl bàm]

명 시위자   명 화염병

3 riot [ráiət]

명 폭동, 소동 ▶ riot police : 폭동 진압 경찰

보충 어휘 ◑ picket : 피켓, 피켓 시위자
◑ turmoil : 혼란, 소란

> 수백 명의 **반체제 인사**^①들이 **구속되었고**^② 고문을 당하였다^③.

Hundreds of dissidents were imprisoned and tortured.

1 dissident [dísədənt]   **2** imprison [imprízən]

명 반체제 인사, 의견을 달리하는 사람   동 투옥하다, 감금하다, 구속하다

3 torture [tɔ́ːrtʃər]

동 고문하다 명 고문

보충 어휘 ◑ exile : 망명, 추방, 망명자

③ 정당과 정치

정당¹은 각기 다른 사람들의 **의견**²을 **대변한다**³.

Political parties represent the views of different people.

1 political party [pəlítikəl pá:rti]
명 정당 ▶ political : 정치의, 정치상의

2 view [vju:]
명 견해, 의견, 전망, 조망

3 represent [rèprizént]
동 대표하다, 말하다, 묘사하다

야당¹은 종종 모든 **책임**²을 **여당**³ 탓으로 돌리려고 한다.

The opposition parties often try to pin the whole blame on the ruling party.

1 opposition party [àpəzíʃən pá:rti]
명 야당

2 blame [bleim]
명 책임, 탓 동 탓하다

3 ruling party [rú:liŋ pá:rti]
명 여당, 제1당

공화당원¹들은 그들 당 **대회**²강령³을 **비준했다**⁴.

Republicans ratified their party's convention platform.

1 republican [ripʌ́blikən]
명 공화주의자, 공화당원

2 convention [kənvénʃən]
명 집회, 대표자 회의, 정기 총회

3 platform [plǽtfɔ̀:rm]
명 강령, 정강, 단, 연단

4 ratify [rǽtəfài]
동 비준하다, 재가하다

> **진보주의자**[1]**와 보수주의자**[2]**들의 구분**[3]**이 더욱더 뚜렷해졌다**[4]**.**

The division between liberals and conservatives became much more pronounced.

1 liberal [líbərəl]
명 자유주의자, 진보주의자 형 자유주의의

2 conservative [kənsə́:rvətiv]
명 보수주의자 형 보수적인

3 division [divíʒən]
명 구분, 분할, 분배

4 pronounced [prənáunst]
형 뚜렷한, 현저한

> **진보**[1]**당은 변화와 개혁**[2]**을 목표로 삼는 당이다.**

A progressive party is one who is focused on change and reform.

1 progressive [prəgrésiv]
형 진보적인, 진보주의의

2 reform [ri:fɔ́:rm]
명 개혁 통 개혁하다

> **그의 연설은 급진적이고**[1] **혁명적이었다**[2]**.**

His speech was radical and revolutionary.

1 radical [rǽdikəl]
형 급진적인, 과격한

2 revolutionary [rèvəlú:ʃənèri]
형 혁명의, 혁명적인

> **우리가 방금 들은 성명서**[1]**는 당파적이었다**[2]**.**

The statement that we just heard was partisan.

1 statement [stéitmənt]
명 성명, 성명서

2 partisan [pá:rtəzən]
형 당파심이 강한

그 **혁신**[●] 정당은 두 **파벌**[●]로 **나누어졌다**[●].

The reformist party split into two factions.

1 reformist [ri:fɔ́:rmist]
혤 개혁적인, 개혁을 원하는

2 faction [fǽkʃən]
몡 당파, 파벌

3 split [split]
동 분열되다, 의견이 갈리다, 나뉘다

그 **조직**[●]은 **초당파적**[●]이지만 모든 **간부회의**[●]의 구성원은 **민주당원**[●]이다.

The organization is nonpartisan, but all the caucus members are Democrats.

1 organization [ɔ̀:rgənizéiʃən]
몡 조직, 구성, 편제

2 nonpartisan [nɑnpɑ́:rtizən]
혤 초당파의, 무소속의 몡 초당파의 사람

3 caucus [kɔ́:kəs]
몡 (정당 등의) 간부 회의

4 democrat [déməkræt]
몡 민주주의자, 민주당원

외교 **정책**[●]에 대한 모든 **중대한**[●] 결정은 **초당적인**[●] **지지**[●]를 받아야 한다.

All the crucial decisions on foreign policy should have bipartisan support.

1 policy [pɑ́ləsi]
몡 정책, 방침

2 crucial [krú:ʃəl]
혤 중대한, 결정적인

3 bipartisan [baipɑ́:rtəzən]
혤 양당의, 초당파의

4 support [səpɔ́:rt]
몡 지지, 지탱 동 지지[지탱]하다

> 몇 명의 자유당 **온건파**[1] 들은 그를 **극단주의자**[2] 라는 꼬리표를 **붙였다**[3] .

Several Liberal Party moderates have labelled him an extremist.

1 moderate [mάːdərət]
명 온건한 사람, 온건주의자 형 온건한

2 extremist [ikstríːmist]
명 극단주의자, 과격주의자

3 label [léibəl]
통 딱지[꼬리표]를 붙이다

> 그는 이라크와의 전쟁에 대한 그의 **강경한**[1] **자세**[2] 를 **옹호했다**[3] .

He defended his hawkish stance on war with Iraq.

1 hawkish [hɔ́ːkiʃ]
형 매파의, 강경파의

2 stance [stæns]
명 자세

3 defend [difénd]
통 옹호하다, 지지하다, 방어하다

> **강경파**[1] 들은 그들이 너무 **온건적**[2] 이라고 생각하는 노동당과의 **제휴**[3] 를 반대하고 있다

Hard-liners oppose an alliance with Labor, which they consider too dovish.

1 hard-liner [hάːrd làinər]
명 강경파, 강경 노선의 사람

2 dovish [dʌ́viʃ]
형 온건파의, 비둘기파의

3 alliance [əláiəns]
명 동맹, 협력, 제휴

보충 어휘
- ◑ hawks : 매파, 강경파
- ◑ doves : 비둘기파, 온건파

요즘에는 정말 **신념**[1] 있는 **정치인**[2]은 아주 **드물다**[3].

Real conviction politicians are such a rarity nowadays.

1 conviction [kənvíkʃən]
명 신념, 확신

2 politician [pɑ̀lətíʃən]
명 정치가

3 rarity [réərəti]
명 아주 드묾, 진기

조단 **상원 의원**[1]은 아주 **진실성**[2]이 있는 **정치인**[3]이었다.

Senator Jordan was a statesman of the highest integrity.

1 senator [sénətər]
명 상원 의원

2 integrity [intégrəti]
명 진실성, 정직함

3 statesman [stéitsmən]
명 정치가

우리는 **비용**[1]을 충당하기 위해 전적으로 **기부**[2]와 **자금 모금**[3] 행사에 **의존한다**[4].

We rely entirely on donations and fund-raising events to cover our expenses.

1 expense [ikspéns]
명 지출, 비용

2 donation [dounéiʃən]
명 기부, 증여, 기증

3 fund-raising [fʌ́nd rèiziŋ]
명 모금 활동, 자금 조달

4 rely [rilái]
동 의지하다

> 그들은 새로운 정치 **의식**^①을 얻었으며, 정치적으로 **성숙해지고**^② 있다.

They're gaining a new political consciousness and becoming politically mature.

1 consciousness [kánʃəsnis]
명 자각, 의식

2 mature [mətjúə:r]
형 성숙한, 익은

> 정치라는 것은 **합의**^①를 이루어내고^② 의사 결정^③에 의미 있게 **참여**^④하는 것이다.

Politics is about achieving consensus and about meaningful participation in decision-making.

1 consensus [kənsénsəs]
명 일치, 합의

2 achieve [ətʃíːv]
동 이루다, 달성하다

3 decision-making [disíʒən meikiŋ]
명 의사 결정

4 participation [pɑ:rtìsəpéiʃən]
명 참여, 관여

> **연정**^①의 권력 분담^②의 세부사항^③은 여전히 **논의되고**^④ 있다.

The details of a power-sharing coalition are still being discussed.

1 coalition [kòuəlíʃən]
명 연립 정부, 제휴, 연합

2 power-sharing [páuər ʃɛə:riŋ]
명 권력 분담

3 detail [díːteil]
명 세부, 상세

4 discuss [diskʌ́s]
동 토론하다, 논의하다

(4) 의회와 선거

> ## 국회①는 월요일에 회기②를 시작한다.

The National Assembly opens its session Monday.

1 National Assembly [nǽʃənəl əsémbli]
명 국회, 프랑스 하원 ▶ assembly : 집회, 회합

2 session [séʃən]
명 회기, 시간, 기간

[보충 어휘] ◑ in session : 개회 중에, 개정 중에

> ## 의회①는 압도적으로② 그 법안③을 승인했다④.

Congress overwhelmingly approved the bill.

1 congress [kɑ́:ŋgrəs]
명 의회, 국회, 회의

2 overwhelmingly [òuvərwélmiŋli]
부 압도적으로

3 bill [bil]
명 법안, 의안

4 approve [əprúːv]
동 승인하다, 찬성하다

> ## 그 법안 초안①은 의회②에서 충분하게 토론되었다③.

The draft Bill was debated fully in Parliament.

1 draft [dræft]
명 초안, 원고

2 parliament [pɑ́:rləmənt]
명 의회, 국회

3 debate [dibéit]
동 토론하다 명 토론

[보충 어휘] ◑ final draft : 최종 원고, 최종안

23

의회는 4년 이상 에너지**법**^①을 **제정하려고**^② 노력해 왔다.

For more than four years Congress has tried to enact energy legislation.

1 legislation [lèdʒisléiʃən]
명 제정법, 법률의 제정

2 enact [enǽkt]
통 제정하다, 법령화하다

보충 어휘 ❶ legislator : 입법자, 법률 제정자

그 법안은 **많은**^① **협의**^②와 **심의**^③를 거친 **산물**^④이다.

The Bill is the product of considerable consultation and deliberation.

1 considerable [kənsídərəbəl]
형 많은, 상당한

2 consultation [kὰnsəltéiʃən]
명 협의, 의논, 상담

3 deliberation [dilìbəréiʃən]
명 심의, 협의, 숙고

4 product [prάdəkt]
명 산물, 생산품, 결과

우리는 그 **차이점**^①들에 대해 **협상할**^② 수 있고 **받아들일**^③ 수 있는 **절충안**^④을 만들어 낼 수 있다.

We can negotiate those differences and come up with an acceptable compromise.

1 difference [dífərəns]
명 다름, 차이점

2 negotiate [nigóuʃièit]
통 협상하다, 교섭하다

3 acceptable [əkséptəbəl]
형 받아들일 수 있는

4 compromise [kάmprəmàiz]
명 타협, 절충안 통 타협하다, 절충하다

보충 어휘 ❶ negotiation : 협상, 교섭, 절충

24

우리는 **운영위원회**^①에서 **만장일치**^② **투표**^③를 이끌어냈다.

We had a unanimous vote out of the Rules Committee.

1 Rules Committee [rúːlz kəmìti]

명 의사(議事) 운영 위원회 ▶ committee : 위원회

2 unanimous [juːnǽnəməs]

형 만장 일치의, 이의 없는

3 vote [vout]

명 투표 동 투표하다

보충 어휘 ◐ open vote : 기명 투표
◐ secret vote : 무기명 투표

우리는 그 법안의 **통과**^①가 **지연되는**^② 것을 바라지 않는다.

We do not want to delay the passage of the Bill.

1 passage [pǽsidʒ]

명 통과, 통행

2 delay [diléi]

동 미루다, 연기하다 명 지연, 지체

의견의 일치라는 것은 **완전한**^① **동의**^②를 의미한다.

A consensus means there is complete agreement.

1 complete [kəmplíːt]

형 완전한, 전부의

2 agreement [əgríːmənt]

명 동의, 합의, 협정

백악관은 그 법안에 **거부권을 행사할**^① 것이라고 **위협했다**^②.

The White House threatened to veto the bill.

1 veto [víːtou]

동 (거부권을 행사하여) 거부하다 명 거부권

2 threaten [θrétn]

동 위협하다, 협박하다

의회는 법안을 통과시키지 않고 8월 **휴회**[1]를 위해 금요일에 **휴정 한다**[2].

Congress adjourns Friday for August recess without passing the bill.

1 recess [ríːses]
명 휴회, 쉼, 휴식

2 adjourn [ədʒə́ːrn]
동 휴정하다, 휴회하다, 중단하다

선거[1]일에 **유권자**[2]들은 그들을 대표할 정당에게 한 **표**[3]를 **던 진다**[4].

On election day, voters cast one ballot for a political party to represent them.

1 election [ilékʃən]
명 선거

2 voter [vóutər]
명 투표자, 유권자

3 ballot [bǽlət]
명 무기명 투표, 투표용지

4 cast [kæst]
동 던지다 ▶ cast a ballot : 투표하다

[보충 어휘] ❶ primary : (미국) 예비 선거 ❶ general election : 총선
❶ local election : 지방 선거
❶ presidential election : 대통령 선거

보통[1] **선거권**[2]의 **원칙**[3]은 한 사람이 한 번 투표하는 것이다.

The basis of universal suffrage has been one person, one vote.

1 universal [jùːnəvə́ːrsəl]
형 보편적인, 일반적인, 우주의, 전세계의

2 suffrage [sʌ́fridʒ]
명 선거권, 투표 ▶ universal suffrage : 보통 선거권

3 basis [béisis]
명 기초, 기본 원리, 원칙, 기준

지난 총선에서 그 **선거구**[●]의 **투표율**^❷은 겨우 60퍼센트였다.

At the last general election, the turnout in the constituency was barely 60 per cent.

1 constituency [kənstítʃuənsi]
몡 선거구, 선거인, 유권자

2 turnout [tə́ːrnàut]
몡 투표율, 투표자의 수, 참가자의 수

박빙의[●] 선거가 **압도적인 승리**^❷가 될 수 있고 또 **예상된**^❸ 승리가 박빙의 선거가 될 수 있다.

Close elections can turn into landslides and projected victories into close elections.

1 close [klous]
혱 우열을 가리기 힘든, 가까운

2 landslide [lǽndslàid]
몡 압도적 승리, 산사태

3 projected [prədʒéktid]
혱 예상된

보충 어휘 ◑ overwhelming : 압도적인

그는 공화당 **지명**[●]을 원하는 여섯 **후보**^❷ 중에서 2**등을 했다**^❸.

He placed second among six candidates for the Republican nomination.

1 nomination [nàmənéiʃən]
몡 지명, 추천, 임명

2 candidate [kǽndidèit]
몡 후보자, 지원자

3 place [pleis]
통 ~등을 하다, 놓다, 두다 ▶ place second : 2등을 하다

분명한 것은 **유권자**[1]들은 네거티브[2] 선거 운동[3]을 좋아하지 않는다는 것이다.

What is clear is that the electorate don't like negative campaigns.

1 electorate [iléktərit]
명 유권자, 선거민

2 negative [négətiv]
형 부정적인, 나쁜

3 campaign [kæmpéin]
명 선거 운동, (조직적인) 운동 ▶ negative campaign : 상대 후보 공격을 위주로 하는 선거 운동

그 상원 의원은 **지금**[1] 정치적 **부패**[2] 스캔들[3]에 **연루되어**[4] 있다.

The senator is currently involved in a political corruption scandal.

1 currently [kə́:rəntli]
부 현재, 지금

2 corruption [kərʌ́pʃən]
명 부패, 타락

3 scandal [skǽndl]
명 추문, 스캔들

4 involve [inválv]
동 연루시키다, 포함하다

야당 지도자들은 **여론 조사**[1]가 **조작되었다**[2]고 주장했다[3].

Opposition leaders claimed the poll had been rigged.

1 poll [poul]
명 여론 조사, 투표, 개표

2 rig [rig]
동 조작하다

3 claim [kleim]
동 주장하다, 요구하다

28

chapter
02

government & administration

02 정부와 행정

대통령^①은 내각^②을 임명하고^③ 그 내각은 의회의 승인을 받는다^④.

> The president appoints the cabinet, which is confirmed by the congress.

1 president [prézidənt]
명 대통령, 장(長), 회장

2 cabinet [kǽbənit]
명 내각, 보관장

3 appoint [əpɔ́int]
동 임명하다, 지명하다

4 confirm [kənfə́:rm]
동 승인하다, 확실히 하다

총리^①는 정부를 구성할^② 장관^③을 임명한다.

> The Prime Minister appoints the ministers to compose the government.

1 prime minister [práim mínistər]
명 총리, 수상

2 compose [kəmpóuz]
동 구성하다, 작곡하다

3 minister [mínistər]
명 장관, 성직자, 목사

[보충 어휘] ❶ vice minister : 차관

이번 주 초에 대통령 보좌관^① 한 명이 스캔들로 사임했다^②.

> Earlier this week, a presidential aide resigned over the scandal.

1 aide [eid]
명 보좌관

2 resign [rizáin]
동 사임하다, 그만두다

그는 부시의 첫 번째 **행정부**^①에서 국무 **차관보**^②를 지냈다.

He was an assistant secretary of state in the first Bush administration.

1 administration [ædmìnəstréiʃən]

명 행정부, 행정기관, 관리, 경영

2 assistant secretary [əsístənt sékrətèri]

명 차관보, 서기관보 ▶ secretary : 장관, 비서

보충 어휘 ◑ the Secretary of Defense : 국방 장관
◑ the Secretary of State : 국무 장관

클린턴은 그의 두 번째 **임기**^①를 마치고 **대통령직**^②을 부시에게 **넘겼다**^③.

Clinton finished his second term and handed the presidency to Bush.

1 term [tə:rm]

명 임기, 기간

2 presidency [prézidənsi]

명 대통령직, 회장직

3 hand [hænd]

동 건네주다, 넘겨주다

정부 **대변인**^①은 그 보도에 대해 **논평하기**^②를 거부했다^③.

A government spokesman refused to comment on the reports.

1 spokesman [spóuksmən]

명 대변인

2 comment [kάment]

동 논평하다 명 논평

3 refuse [rifjú:z]

동 거부하다, 거절하다

31

그는 **주지사**가 되기 위해 상원 의원 자리에서 **물러났다**.

He vacated his Senate seat to become governor.

1 governor [gʌ́vərnər]
명 주지사, 총독

2 vacate [véikeit]
통 물러나다, 사퇴하다, 비우다

보충 어휘 ◑ the incumbent governor : 현직 주지사

그는 일본 **외무부**의 **고위** 공무원이었다.

He was a senior official in the Japanese Foreign Ministry.

1 foreign ministry [fɔ́:rən mínistri]
명 외무부 ▶ mnistry : (정부의 각) 부처

2 senior [síːnjər]
형 고위의, 상급의 명 상급자, 연장자

3 official [əfíʃəl]
명 공무원, 관리 형 공무상의, 공식적인

보충 어휘 ◑ the Ministry of Defence : 국방부
◑ the Ministry of Justice : 법무부
◑ the Ministry of Labour : 노동부

그는 **헌신적인** 공무원이었고 많은 점에서 **감화를 주는** 지도자였다.

He was a dedicated public servant and, in many respects, an inspirational leader.

1 dedicated [dédikèitid]
형 헌신적인, 일신을 바친

2 public servant [pʌ́blik sə́:rvənt]
명 공무원 ▶ servant : 공무원, 하인

3 inspirational [ìnspəréiʃənəl]
형 감화를 주는, 영감을 주는

그 보고서는 **정부 관료**①와 정부에서 **임명한 사람**②에 의해 작성되었다.

The report was written by bureaucrats and government appointees.

1 bureaucrat [bjúərəkræt]
명 관료, 관료적인 사람

2 appointee [əpɔ̀intíː]
명 지명된 사람, 임명된 사람

그의 **후임자**①는 **전**② CIA **부**③**국장**④인 데이비드 존슨이다.

His successor is the former CIA Deputy Director, David Johnson.

1 successor [səksésər]
명 후계자, 후임자, 상속자

2 former [fɔ́ːrmər]
형 전의, 앞의

3 deputy [dépjəti]
명 부(副)−, 대리인

4 director [diréktər]
명 장, 국장, 책임자, 관리자

보충 어휘 ◑ predecessor : 전임자

33

> 두 나라는 전면적인 **외교**[1] 관계 **수립**[2]을 **목표로 한**[3] **쌍무**[4] **회담**[5]을 시작할 것이다.

The two nations will begin bilateral talks aimed at establishing full diplomatic relations.

1 diplomatic [dìpləmǽtik]
[형] 외교의, 외교 관계의

2 establish [istǽbliʃ]
[동] 수립하다, 설립하다

3 aim [eim]
[동] 목표하다, 겨누다 [명] 목표, 겨냥

4 bilateral [bailǽtərəl]
[형] 쌍방의, 쌍무적인

5 talk [tɔ:k]
[명] 회담, 협상

> **다자**[1] **외교**[2]가 그 문제들을 평화롭게 **해결할**[3] 수 있는 최선의 방법이다.

Multilateral diplomacy is the best way to peacefully solve the problems.

1 multilateral [mʌltilǽtərəl]
[형] 다자간의, 다국간의

2 diplomacy [diplóuməsi]
[명] 외교, 외교술

3 solve [sɑlv]
[동] 해결하다, 풀다

> 외무부에서 소말리아에 **특사**[1]를 **파견했다**[2].

The Foreign Ministry dispatched a special envoy to Somalia.

1 envoy [énvɔi]
[명] 특사, 사절

2 dispatch [dispǽtʃ]
[동] 보내다, 파견하다

관계①를 **정상화하려는**② 양측의 회담이 **진척**③ 없이 끝났다.

☞ Talks between the two sides on normalizing ties ended without progress.

1 tie [tai]
명 유대, 관계

2 normalize [nɔ́ːrməlàiz]
동 정상화하다

3 progress [prágrəs]
명 진척, 진전 동 진전을 보이다

보충 어휘 ◐ economic ties : 경제적 유대

EU는 러시아에게 그 **조약**①을 비준하라고 오랫동안 **촉구해**② 왔다.

☞ The EU has long urged Russia to ratify the pact.

1 pact [pækt]
명 조약, 협정

2 urge [əːrdʒ]
동 촉구하다, 권고하다

보충 어휘 ◐ peace pact : 평화 협정

중국은 북한에 **제재**①를 **가하는**② 것을 **꺼려하고**③ 있다.

☞ China has been reluctant to impose sanctions on Pyongyang.

1 sanction [sǽŋkʃən]
명 제재, 허가, 승인

2 impose [impóuz]
동 부과하다, 지우다

3 reluctant [rilʌ́ktənt]
형 꺼리는, 마음 내키지 않는

보충 어휘 ◐ economic sanction : 경제 제재

미국과 캐나다에서 온 **사절**[1]들이 그 **기념일**[2]을 **축하하기**[3] 위해 **모였다**[4].

Delegates from the United States, Canada gathered to commemorate the anniversary.

1 delegate [déligət]
圐 대표자, 사절

2 anniversary [ænəvə́ːrsəri]
圐 기념일

3 commemorate [kəmémərèit]
图 축하하다, 기념하다

4 gather [gǽðər]
图 모이다, 모으다

보충 어휘 ❍ delegation : 대표단 · *trade delegation* : 무역 대표단
❍ mission : 사절단, 임무 · *economic mission* : 경제 사절단

국제 **조약**[1]은 **영사관**[2]과 **대사관**[3]을 독립된 영토로 **규정해**[4] 왔다.

International treaties have defined consulates and embassies as sovereign territory.

1 treaty [tríːti]
圐 조약, 협정

2 consulate [kánsəlit]
圐 영사관

3 embassy [émbəsi]
圐 대사관

4 define [difáin]
图 규정짓다, 정의를 내리다

그녀가 엘리자베스 여왕을 팔로 감싼 것은 왕궁 **의전**[1]을 **위반한**[2] 것이었다.

She breached palace protocol by putting her arm around Queen Elizabeth.

1 protocol [próutəkɔːl]
圐 외교 의례, 의전

2 breach [briːtʃ]
图 위반하다, 어기다 圐 위반

호혜주의①라는 개념② 아래서 **외교관③**들은 동등하게 외교 **면 책 특권④**의 혜택을 누린다⑤.

Under the concept of reciprocity, diplomats benefit equally from diplomatic immunity.

1 reciprocity [rèsəprásəti]
명 호혜, 호혜주의

2 concept [kánsept]
명 개념, 생각

3 diplomat [dípləmæt]
명 외교관, 외교가

4 immunity [imjúːnəti]
명 면제, 면책 특권, 면역력

5 benefit [bénəfit]
동 득을 보다, 혜택을 보다 명 혜택

대사①의 **소환②**은 관계를 **단절하는③** 것 외에 가능한 가장 강력한 항의이다.

The ambassador's recall is one of the strongest possible protests short of severing ties.

1 ambassador [æmbǽsədər]
명 대사

2 recall [rikɔ́ːl]
명 소환, 되부름

3 sever [sévəːr]
동 끊다, 단절하다

보충 어휘 ◑ consul : 영사 · *consul general* : 총영사
◑ expel : 추방하다

> 정부는 모든 **지역**⁰과 **도**②의 행정을 **감독한다**③.

The government supervises the administration of all the districts and provinces.

1 district [dístrikt]
몡 구역, 지역, 지구

2 province [právins]
몡 주, 도, 지방

3 supervise [súːpərvàiz]
동 감독하다, 관리하다

> **지방**⁰ **자치제**②와 지방의 의사결정은 민주주의의 **핵심적인 특징**③이다.

Local autonomy and local decision making are the very heartbeat of democracy.

1 local [lóukəl]
혱 지방의, 지역의, 현지의

2 autonomy [ɔːtánəmi]
몡 자치, 자치권

3 heartbeat [háːrtbìːt]
몡 핵심적인 특징, 심장 박동

> 그 **자치주**⁰에는 33개의 **구**②가 있는데 그 중 2개 구가 40퍼센트를 차지한다.

There are 33 wards in the county and two of them account for 40 per cent.

1 county [káunti]
몡 자치주, 군(郡)

2 ward [wɔːrd]
몡 구(區), 병동

682,100명의 **인구**①가 살고 있는 마나과는 니카라과의 **수도**②이자
상업의③ 중심지이다.

> Managua, with a population of 682,100, is the capital and
> commercial center.

1 population [pὰpjəléiʃən]
명 인구, 주민, 주민수

2 capital [kǽpitl]
명 수도, 중심지 형 주요한, 으뜸의

3 commercial [kəmə́:rʃəl]
형 상업의, 무역의

보충 어휘 ◑ population concentration : 인구 집중

수도권① 지역에서 **교통**② **혼잡**③은 **심각한**④ 문제이다.

> Traffic congestion is a serious problem in the metropolitan
> area.

1 metropolitan [mètrəpɑ́litən]
형 수도의, 수도권의, 대도시의

2 traffic [trǽfik]
명 교통, 교통량

3 congestion [kəndʒéstʃən]
명 혼잡, 붐빔

4 serious [síəriəs]
형 심각한, 중대한, 진지한

청원서①는 이달 말에 **시장**②에게 보내질 것이다.

> The petition would be sent to the mayor at the end of the
> month.

1 petition [pətíʃən]
명 청원(서), 진정(서) 동 청원하다

2 mayor [méiə:r]
명 시장, 군수

보충 어휘 ◑ present a petition : 진정서를 제출하다

39

의회는 모든 우리 **시민**[1]의 **시민의**[2] **자유**[3]를 **보장한다**[4].

Parliament ensures the civil liberties of all our citizens.

1 citizen [sítəzən]
명 시민, 국민, 공민

2 civil [sívəl]
형 시민의, 공민의

3 liberty [líbə:rti]
명 자유

4 ensure [inʃúər]
동 보장하다, 책임지다

전국 평균 신장이 **해외 이주민**[1]의 **유입**[2]으로 약간 **낮아졌다**[3].

An influx of immigrants has lowered the national average height slightly.

1 immigrant [ímigrənt]
명 (해외에서 온) 이민자, 이주민

2 influx [ínflʌks]
명 유입

3 lower [lóuər]
동 낮추다, 낮아지다

설문 조사[1]는 **인구 조사**[2] 후에 **바로**[3] 시행되었다[4].

The survey was conducted immediately after the census.

1 survey [sə́:rvei]
명 (설문) 조사, 측량 동 조사하다

2 census [sénsəs]
명 인구 조사

3 immediately [imí:diətli]
부 바로, 즉시

4 conduct [kəndʌ́kt]
동 집행하다, 지휘하다, 안내하다 명 행동

④ 재정과 조세

> 정부의 **일년**[①] **예산**[②]은 의회의 승인을 받아야 한다.

The government's annual budget has to be approved by Parliament.

1 annual [ǽnjuəl]
형 일년의, 일년에 걸친

2 budget [bʌ́dʒit]
명 예산, 예산안

보충 어휘 ◑ national budget : 국가 예산

> 높은 **세**[①]**율**[②]이 항상 높은 조세 **수입**[③]으로 이어지는 것은 아니다.

High tax rates do not always lead to high tax revenues.

1 tax [tæks]
명 세금 동 세금을 부과하다

2 rate [reit]
명 율, 비율, 가격, 요금

3 revenue [révənjùː]
명 세입, 수익, 수입

보충 어휘 ◑ tax havens : 조세 피난지

> **자선 단체**[①]는 대부분의 **소득**[②]과 **수익**[③]에 대해서 세금이 **면제된다**[④].

Charities are exempt from tax on most of their income and gains.

1 charity [tʃǽrəti]
명 자선, 자선 단체

2 income [ínkʌm]
명 수입, 소득

3 gain [gein]
명 이익, 이득, 수익

4 exempt [igzémpt]
형 면제되는 동 면제하다

> **조세**[1]**는 납세자**[2]**의 동의**[3]**에 의해서만 부과될 수 있다.**

ण Taxation could be imposed only by the consent of the taxpayers.

1 taxation [tækséiʃən]
명 조세, 세수, 과세

2 taxpayer [tǽkspèiər]
명 납세자

3 consent [kənsént]
명 동의, 허가 통 동의하다

보충 어휘 ◑ progressive : 누진적인 · *progressive taxation* : 누진 과세
◑ exemption : 공제
◑ evasion : 회피 · *tax evasion* : 탈세

> 그 **감세**[1]**는 아이를 가진 일반**[2] **가정에게 세금 부담**[3]**을 줄여 주었다**[4]**.**

ण The tax cuts reduced the tax burden on a typical family with children.

1 tax cut [tǽks kʌt]
명 감세

2 typical [típikəl]
형 전형적인, 보통의, 일반적인

3 burden [bə́:rdn]
명 무거운 짐, 부담

4 reduce [ridjú:s]
통 줄이다, 축소하다

> 정부는 가스 추가 **부담금**[1]**을 폐지했다**[2]**.**

ण The Government have abolished the gas levy.

1 levy [lévi]
명 추가 부담금 통 부과하다

2 abolish [əbɑ́liʃ]
통 폐지하다

chapter
03
security & conflict

03 안보와 분쟁

테러리스트들은 국가 **안보**[1]에 **심각한**[2] **위협**[3]이 되고 있다.

Terrorists are a grave threat to the national security.

1 security [sikjúərəti]
명 안보, 보안, 경비

2 grave [greiv]
형 심각한, 중대한 명 무덤, 묘

3 threat [θret]
명 위협, 협박

미국은 영국의 **긴밀하고**[1] **확고한**[2] **동맹국**[3]이다.

The USA is a close and staunch ally of the United Kingdom.

1 close [klous]
형 가까운, 긴밀한

2 staunch [stɑːntʃ]
형 확고한, 충실한

3 ally [ǽlai]
명 동맹국, 협력자 동 지지하다, 편들다

보충 어휘 ❶ alliance : 동맹, 연합

제네바에서의 **협상**[1]은 2002년 **정전**[2] **협정**[3]을 **부활시키기**[4] 위한 목적이었다.

The negotiations in Geneva were aimed at reviving a 2002 cease-fire accord.

1 negotiation [nigòuʃiéiʃən]
명 협상, 교섭

2 cease-fire [síːsfáiər]
명 정전, 휴전

3 accord [əkɔ́ːrd]
명 합의, 협정

4 revive [riváiv]
동 부활시키다, 활기를 되찾게 하다

G8 **정상 회담**[1]에서 **포괄적인**[2] 평화 **합의**[3]에 대한 의견이 나누어졌다.

The G8 summit talked of a comprehensive peace settlement.

1 summit [sʌ́mit]
명 정상, 정상 회담

2 comprehensive [kàmprihénsiv]
형 포괄적인

3 settlement [sétlmənt]
명 합의, 해결, 정착

유엔 안전 보장 이사회는 지난달에 이라크의 **군비 축소**[1]에 대한 새 **결의안**[2]을 **채택했다**[3].

Security Council adopted a new resolution on Iraq's disarmament last month.

1 disarmament [disɑ́:rməmənt]
명 군비 축소

2 resolution [rèzəlú:ʃən]
명 결의안, 해결

3 adopt [ədɑ́pt]
동 채택하다, 입양하다

보충 어휘 ◐ arbitrate : 중재하다

그 나라는 **고립**[1]보다는 **협력**[2]을 선택할 것이다.

The country will choose cooperation rather than isolation.

1 isolation [àisəléiʃən]
명 고립, 격리, 분리

2 cooperation [kouɑ̀pəréiʃən]
명 협력, 협동

보충 어휘 ◐ close cooperation : 긴밀한 협력

45

그는 **병역**[1] **의무**[2]를 마치고 명예 **제대를 했다**[3].

He fulfilled his military duty, and was honorably discharged.

1 military [mílitèri]
형 군사의, 무력의

2 duty [djúːti]
명 의무, 임무 ▶ military duty : 병역 의무

3 discharge [distʃáːrdʒ]
통 떠나는 것을 허락하다, 해고하다

육군[1]**과 공군**[2]**은 수송**[3]**과 낙하산 부대원**[4]**을 위해서 V-22 항공기를 이용하고 있다.**

The Army and Air Force use the V-22 for transport and for paratroopers.

1 army [áːrmi]
명 육군, 군대

2 air force [ɛər fɔːrs]
명 공군

3 transport [trǽnspɔ̀ːrt]
명 수송, 운송 통 수송하다

4 paratrooper [pǽrətruːpər]
명 낙하산 부대원

그 **초음속**[1] 제트기는 **해병**[2]**대**와 **해군**[4]에서 사용되고 있다.

The supersonic jet is used by the Marine Corps and Navy.

1 supersonic [sùːpərsánik]
형 초음속의

2 marine [məríːn]
명 해병(대) 형 바다의, 해양의

3 corps [kɔːr]
명 군단, 단, 부대

4 navy [néivi]
명 해군

보충 어휘 ◗ signal corps : 통신 부대
◗ medical corps : 의무대

그는 **공수**[1]**부대**[2]에서 **복무해**[3] 왔다.

☞ He has served in an airborne unit.

1 airborne [ɛ́ərbɔ̀ːrn]
혱 공수 훈련을 받은, 비행 중인

2 unit [júːnit]
몡 부대, 단위

3 serve [səːrv]
됭 복무하다, 봉사하다, 제공하다

그 **군인**[1]들은 제327**보병**[2]**연대**[3], 제2**대대**[4], 알파 **중대**[5] 소속이었다.

☞ The soldiers were part of Alpha Company, 2nd Battalion, 327th Infantry Regiment.

1 soldier [sóuldʒəːr]
몡 군인

2 infantry [ínfəntri]
몡 보병, 보병대

3 regiment [rédʒəmənt]
몡 연대

4 battalion [bətǽljən]
몡 대대, 부대

5 company [kʌ́mpəni]
몡 중대

보통 2~4개의 **분대**[1]로 이루어지는 **소대**[2]는 보통 **중위**[3]가 지휘를 한다.

☞ Usually consisting of two to four squads, platoons are typically led by a lieutenant.

1 squad [skwɑd]
몡 분대

2 platoon [plətúːn]
몡 소대

3 lieutenant [luːténənt]
몡 중위

47

그는 제42보병**사단**[1]의 **지휘관**[2]이다.

He is the commander of the 42nd Infantry Division.

1 division [divíʒən]
명 사단

2 commander [kəmǽndər]
명 지휘관, 사령관, (해군) 중령

보충 어휘 ◑ artillery : 대포, 포병대

영국 **장군**[1]이 **다국적**[2] **군**[3]의 **부사령관**[4]이다.

A British general is second in command of the multinational force.

1 general [dʒénərəl]
명 장군

2 multinational [mʌltinǽʃənəl]
형 다국적의

3 force [fɔːrs]
명 군대, 군사력, 부대

4 second in command [sékənd in kəmænd]
명 부사령관 ▶ command : 명령, 지휘, 통솔

보충 어휘 ◑ chain of command : 지휘 계통

그 여섯 회원들은 **대령**[1]의 **지위**[2]에 있는 육군 **장교**[3]들이다.

The six members are military officers at the rank of colonel.

1 colonel [kə́ːrnəl]
명 대령

2 rank [ræŋk]
명 계급, 지위

3 officer [ɔ́ːfisər]
명 장교, 경찰관

보충 어휘 ◑ lieutenant colonel : 중령

48

스미스 **대위**[1]와 브라운 **소령**[2]이 **총격**[3] **공격**[4]으로 사망했다.

☞ Captain Smith and Major Brown were killed in the shooting attack.

1 captain [kǽptin]
명 (육군, 공군, 해병대) 대위, (해군) 대령

2 major [méidʒər]
명 (육군, 공군) 소령

3 shooting [ʃúːtiŋ]
명 발사, 총격

4 attack [ətǽk]
명 공격, 습격 통 공격하다

보충 어휘 ◐ second lieutenant : 소위   ◐ lieutenant commander : 해군 소령

6개월 후에, 그는 **병장**[1]으로 **승진했다**[2].

☞ After six months, he was promoted to sergeant.

1 sergeant [sɑ́ːrdʒənt]
명 병장, 경사

2 promote [prəmóut]
통 승진시키다, 진급시키다, 촉진하다

보충 어휘 ◐ master sergeant : 상사   ◐ sergeant first class : 중사
◐ staff sergeant : 하사

그는 **반항적인**[1] 행동 때문에 **상병**[2]에서 **이등병**[3]으로 강등 **되었다**[4].

☞ He was demoted from corporal to private for his disobedient acts.

1 disobedient [dìsəbíːdiənt]
형 반항하는, 거역하는

2 corporal [kɔ́ːrpərəl]
명 상병

3 private [práivit]
명 이등병

4 demote [dimóut]
통 강등시키다, 좌천시키다

보충 어휘 ◐ private first class : 일등병

> 현재 대부분의 유럽 **군대**^❶는 **징병제**^❷에 많이 **의지하고**^❸ 있다.

> At present, most European armed forces rely heavily on conscription.

1 armed forces [ɑːrmd fɔːrsiz]

᷂᷂명᷂ 군대 ▶ armed : 무장한

2 conscription [kənskrípʃən]

᷂명᷂ 징병, 징병제

3 rely [riláí]

᷂동᷂ 의지하다, 신뢰하다

보충 어휘 ◑ draft : 징병, 드래프트제

> **외국인**^❶들은 정규군에 **입대**^❷할 수 있는 **자격**^❸이 없다.

> Aliens are not eligible for enlistment in the Regular Army.

1 alien [éiljən]

᷂명᷂ 외국인, 외계인 ᷂형᷂ 외국의, 외계의

2 enlistment [inlístmənt]

᷂명᷂ 입대, 병적 편입

3 eligible [élidʒəbəl]

᷂형᷂ 자격이 있는, 적임의

> 그들이 할 일은 **경험 없는**^❶ **신병**^❷들을 고무시키고^❸ 훈련시키는 것이다.

> Their job is to inspire and train raw recruits.

1 raw [rɔː]

᷂형᷂ 날것의, 원자재의, 경험 없는, 신입의

2 recruit [rikrúːt]

᷂명᷂ 신병, 신입 사원 ᷂동᷂ 모집하다

3 inspire [inspáiər]

᷂동᷂ 고무하다, 격려하다

③ 무기

> 미국을 포함해서 몇몇 나라들은 **재래식**[1] **무기**[2]와 **핵**[3]**무기**[4]를 가지고 있다.

> Several nations, including the United States, have conventional arms and nuclear weapons.

1 conventional [kənvénʃənəl]
형 재래식의, 관습적인, 전통적인

2 arms [ɑ:rmz]
명 무기

3 nuclear [njú:kliər]
형 핵의, 원자력의

4 weapon [wépən]
명 무기

> AK-47은 **기관총**[1]이 아니고 **돌격**[2]용 **자동**[3] **소총**[4]이다.

> AK-47 is an automatic assault rifle, not a machine gun.

1 machine gun [məʃí:n gʌn]
명 기관총 ▶ gun : 총, 대포

2 assault [əsɔ́:lt]
명 공격, 폭행

3 automatic [ɔ̀:təmǽtik]
형 자동의, 자동적인

4 rifle [ráifəl]
명 소총, 라이플총

> 그는 **탄약**[1] 한 **세트**[2]를 꺼내서 총에 **장전하고**[3] 발포했다[4].

> He pulled out an ammunition clip, loaded the gun and fired.

1 ammunition [æ̀mjuníʃən]
명 탄약, 병기

2 clip [klip]
명 장전된 총알 한 세트

3 load [loud]
동 장전하다, 싣다, 적재하다

4 fire [faiər]
동 발사하다, 발포하다 명 발사, 발포

그 자동차는 **총탄**① 구멍과 **수류탄**② **파편**③으로 벌집이 되었다④.

The car was riddled with bullet holes and grenade shrapnel.

1 bullet [búlit]
명 총알, 총탄

2 grenade [grənéid]
명 수류탄

3 shrapnel [ʃrǽpnəl]
명 파편

4 riddle [rídl]
동 벌집같이 만들다 명 수수께끼

군대①와 **장갑**② **차**③들이 도시의 중심가를 **순찰했다**④.

Troops and armored vehicles patrolled the main streets of the city.

1 troop [tru:p]
명 병력, 군대, 무리

2 armored [ɑ́:rmərd]
형 갑옷을 입은, 장갑한

3 vehicle [ví:ikəl]
명 차량, 수송 수단, 탈것

4 patrol [pətróul]
동 순찰하다 명 순찰

항공모함①은 **구축함**② 과 **순양함**③ 그리고 **잠수함**④과 함께 이동을 한다.

An aircraft carrier travels with destroyers, cruisers and a submarine.

1 aircraft carrier [ɛ́ərkræ̀ft kǽriər]
명 항공모함 ▶ aircraft : 항공기 carrier : 수송선, 수송 차량

2 destroyer [distrɔ́iər]
명 구축함, 파괴자

3 cruiser [krú:zər]
명 순양함

4 submarine [sʌ́bmərì:n]
명 잠수함 형 바다 속의, 해저의

이스라엘 제트 **전투기**[1]들이 하루에 30회 이상 가자 전역에 **공습**[2]을 했다.

Israeli fighter jets carried out more than 30 air strikes across Gaza during the day.

1 fighter [fáitər]
명 전투기, 투사

2 air strike [ɛər straik]
명 공습

우리 레이더가 적군이 **발사한**[1] **미사일**[2]을 **탐지했다**[3].

Our radars detected a missile launched by the enemy.

1 launch [lɔːntʃ]
동 발사하다, 착수하다, 출시하다

2 missile [mísəl]
명 미사일, 탄도 병기

3 detect [ditékt]
동 발견하다, 탐지하다

핵**탄두**[1]를 장착한 **탄도**[2] 미사일은 수백만의 **사상자**[3]를 낼 수 있다.

Ballistic missiles armed with nuclear warheads could cause millions of casualties.

1 warhead [wɔ́ːrhèd]
명 탄두

2 ballistic [bəlístik]
형 탄도의, 탄도학의

3 casualty [kǽʒuəlti]
명 사상자, 희생자

> 그는 그 **급습**[1]이 **전쟁**[2]을 **일으키려는**[3] 이스라엘의 **시도**[4]라고 말했다.

He said the raid was an Israeli attempt to provoke war.

1 raid [reid]
명 급습, 습격

2 war [wɔːr]
명 전쟁, 싸움

3 provoke [prəvóuk]
동 일으키다, 유발시키다

4 attempt [ətémpt]
명 시도, 기도 동 시도하다

보충 어휘 ◑ local war : 국지전

> 토요일에 B-26 **폭격기**[1]들이 세 곳의 쿠바 군사 **기지**[2]를 폭격**했다**[3].

Saturday, B-26 bombers bombed three Cuban military bases.

1 bomber [bάmər]
명 폭격기, 폭파범

2 base [beis]
명 기지, 근거지, 본부

3 bomb [bɑm]
동 폭격하다, 폭탄으로 공격하다 명 폭탄

> 군사적 **개입**[1]이 그 **갈등**[2]을 더욱 **악화시켰다**[3].

Military intervention has aggravated the conflict.

1 intervention [ìntərvénʃən]
명 개입, 사이에 듦

2 conflict [kάnflikt]
명 갈등, 충돌 동 충돌하다

3 aggravate [ǽgrəvèit]
동 악화시키다

그 유혈 사태①는 전면적인② 내전③의 소용돌이 속으로 빠져들었다④.

The bloodshed spiraled into all-out civil war.

1 bloodshed [blʌ́dʃèd]
圐 유혈 사태

2 all-out [ɔ́:laut]
혱 전면적인, 총력을 기울인

3 civil war [sívəl wɔ́:r]
圐 내전

4 spiral [spáirəl]
통 나선형으로 움직이다 圐 나선, 소용돌이

그는 전쟁이 **곧 일어날**① 것을 알아서 전투에 참여하기로 **결정했다**②.

He knew that war was imminent and he was determined to join in the fight.

1 imminent [ímənənt]
혱 금방이라도 닥칠 듯한, 임박한

2 determine [ditə́:rmin]
통 결정하다, 알아내다

이스라엘 **전투기**①들이 **정찰**② **임무**③를 위해 레바논 상공을 계속 날고 있다.

Israeli warplanes continue to fly reconnaissance missions over Lebanon.

1 warplane [wɔ́:rplèin]
圐 전투기, 군용기

2 reconnaissance [rikɑ́nəsəns]
圐 정찰, 수색, 답사

3 mission [míʃən]
圐 임무, 직무, 사절단

보충 어휘 ◐ aerial reconnaissance : 공중 정찰

군대의 **파견**[1]은 국내 **여론**[2]을 분열시켰고[3] 시위를 촉발시켰다[4].

> The dispatch of the troops has divided public opinion at home and sparked demonstrations.

1 dispatch [dispǽtʃ]
명 파견, 방송 통 파견하다, 보내다

2 public opinion [pʌ́blik əpínjən]
명 여론

3 divide [diváid]
통 나뉘다, 나누다, 분열시키다

4 spark [spɑːrk]
통 촉발시키다, 불꽃을 일으키다 명 불꽃

매파[1]들은 공습이나 **침공**[2]과 같은 직접적인 조치에 **호의를 보였다**[3].

> The hawks favored the direct action of either an air strike or an invasion.

1 hawk [hɔːk]
명 매, 매파, 강경파

2 invasion [invéiʒən]
명 침입, 침략, 침공

3 favor [féivər]
통 호의를 보이다, 찬성하다 명 호의

두 시간의 **피비린내 나는**[1] **교전**[2] 후에, 적군이 **후퇴했다**[3].

> After a two-hour bloody engagement, the enemy soldiers retreated.

1 bloody [blʌ́di]
형 피비린내 나는, 유혈이 낭자한

2 engagement [engéidʒmənt]
명 교전, 약혼, 고용

3 retreat [ritríːt]
통 물러가다, 후퇴하다 명 후퇴

그 **공격**①은 팔레스타인 로켓 공격에 의해 **촉발되었다**②.

☞ The offensive was triggered by a Palestinian rocket attack.

1 offensive [əfénsiv]
圏 공격 圏 공격적인, 모욕적인, 불쾌한

2 trigger [trígə:r]
圄 촉발시키다 圏 방아쇠, 계기

나토군이 **반군**①을 **쳐부수기**② 위한 임무에 **착수했다**③.

☞ NATO forces have embarked on a mission to defeat the rebels.

1 rebel [rébəl]
圏 반역자, 반대자 圄 반란을 일으키다

2 defeat [difí:t]
圄 패배시키다, 쳐부수다 圏 패배

3 embark [imbá:rk]
圄 승선하다, 착수하다 ▶ embark on : 착수하다

보충 어휘 ❶ suppress : 진압하다, 억제하다

저항①군은 **점령**②군과 **연합한**③ 몇몇 **인물**④을 암살했다⑤.

☞ Resistance forces have assassinated several figures allied with the occupation.

1 resistance [rizístəns]
圏 저항, 반항, 반대

2 occupation [ὰkjəpéiʃən]
圏 점령, 직업

3 allied [əláid]
圏 동맹한, 연합한

4 figure [fígjər]
圏 인물, 수치, 숫자

5 assassinate [əsǽsənèit]
圄 암살하다

보충 어휘 ❶ occupy : 점령하다, 점거하다, 차지하다

> **폭격**[1]**의 여파**[2]**로 그 지역은 대학살**[3]**의 현장**[4]**이 되었다.**

The aftermath of the bombing was a scene of carnage.

1 bombing [bámiŋ]
뗑 폭격

2 aftermath [ǽftərmæθ]
뗑 여파, 후유증, 영향

3 carnage [kάːrnidʒ]
뗑 살육, 대량 학살

4 scene [siːn]
뗑 현장, 장면, 광경

보충 어휘 ◑ carpet bombing : 융단 폭격

> **로켓 발사로 부상**[1]**은 없었지만 주민**[2]**들은 방공호**[3]**로 허둥지둥 대피했다**[4]**.**

The rocket fire caused no injuries, but sent residents scurrying to bomb shelters.

1 injury [índʒəri]
뗑 부상

2 resident [rézidənt]
뗑 거주자, 주민 휑 거주하는

3 shelter [ʃéltər]
뗑 방공호, 피난 장소, 은신처

4 scurry [skə́ːri]
똥 종종걸음을 치다, 허둥지둥 가다

> **아마도 핵탄두 수십 개면 전**[1] **세계를 전멸시키기**[2]**에 충분할**[3] **것이다.**

A few dozen warheads would probably be sufficient to annihilate the entire country.

1 entire [intáiər]
휑 전체의, 전부의, 완전한

2 annihilate [ənáiəlèit]
똥 전멸시키다, 완파하다

3 sufficient [səfíʃənt]
휑 충분한

우리의 미사일 **방어망**[1]은 **창**[2]이 아니라 **방패**[3]이다.

› Our missile defense is not a spear, but a shield.

1 defense [diféns]
⟨명⟩ 방위, 방어, 방어 시설

2 spear [spiə:r]
⟨명⟩ 창

3 shield [ʃi:ld]
⟨명⟩ 방패, 보호물

보충 어휘 ◑ missile base : 미사일 기지

그 **성**[1]은 **난공불락의**[2] **요새**[3]로 **묘사되었다**[4].

› The castle was described as being an impregnable fortress.

1 castle [kǽsl]
⟨명⟩ 성, 성곽

2 impregnable [imprégnəbəl]
⟨형⟩ 난공불락의, 견고한

3 fortress [fɔ́:rtris]
⟨명⟩ 요새, 성채

4 describe [diskráib]
⟨동⟩ 묘사하다, 기술하다

보충 어휘 ◑ besiege : 포위하다, 에워싸다 · *besiege the fortress* : 요새를 포위하다

이스라엘의 육군은 1948년에 여자들도 **최전방**[1] **전투**[2]에 투입시켰다.

› The Israeli Army put women on the front lines of combat in 1948.

1 front line [frʌnt line]
⟨명⟩ 최전방, 최전선

2 combat [kámbæt]
⟨명⟩ 전투

보충 어휘 ◑ rear : 뒤쪽, 후방 · *harass the rear* : 후방을 교란하다

59

이번 **전술**은 달랐지만 **전략**적인 면에서는 같다.

The tactics this time are different, but the strategy is the same.

1 tactics [tǽktiks]
명 전술, 전술학

2 strategy [strǽtədʒi]
명 전략

두 명의 **민간인**이 바그다드 서쪽에서 **매복** 공격으로 사망했다.

Two civilians were killed in an ambush in western Baghdad.

1 civilian [sivíljən]
명 일반인, 민간인

2 ambush [ǽmbuʃ]
명 잠복, 매복

육군은 군사 **작전**이 계속 **진행 중**이라고 말하면서 논평하기를 **거절했다**.

The army declined comment, saying the military operation was still underway.

1 operation [àpəréiʃən]
명 작전, 수술

2 underway [ʌ́ndərwéi]
형 진행 중인

3 decline [dikláin]
통 거절하다, 감소하다 명 감소, 하락

장군은 군대의 **사기**를 **북돋으려고** 노력을 하고 있었다.

The general was trying to boost the morale of his troops.

1 morale [mourǽl]
명 사기

2 boost [bu:st]
통 신장시키다, 북돋우다 명 격려

그 **전투**① 는 **참호**② **전**③ 의 전형적인 본보기였다.

The battle was a prime example of trench warfare.

1 battle [bǽtl]
명 전투, 싸움

2 trench [trentʃ]
명 참호, 도랑

3 warfare [wɔ́:rfɛ̀ər]
명 전투, 교전

보충 어휘 ◑ guerilla warfare : 게릴라전

그는 **연이은**① 승리로 **침략자**② 를 **물리침**③ 으로써 국가적 영웅이 되었다.

He became a national hero by winning successive victories and finally repelling the invaders.

1 successive [səksésiv]
형 잇따른, 연이은, 계속되는

2 invader [invéidər]
명 침략자

3 repel [ripél]
통 격퇴하다, 물리치다

보충 어휘 ◑ successive defeats : 연패

그 나라는 전쟁 말기에 **황폐해졌고**① **약해졌다**② .

The country was left devastated and vulnerable at the end of the war.

1 devastate [dévəstèit]
통 완전히 파괴하다, 황폐시키다

2 vulnerable [vʌ́lnərəbəl]
형 취약한, 연약한

UN이 휴전과 **부분적인**[1] 군대 **철수**[2]를 주선하면서[3] 개입 했다[4].

The UN intervened, arranging a cease-fire and partial troop withdrawal.

1 partial [páːrʃəl]
형 부분적인, 편파적인

2 withdrawal [wiðdrɔ́ːəl]
명 철수, 철회, 인출

3 arrange [əréindʒ]
통 마련하다, 주선하다, 정리하다

4 intervene [ìntərvíːn]
통 개입하다, 끼어들다

이집트의 **중재**[1]가 **휴전**[2]을 이끌어 내는 데 실패했다.

Egyptian mediation has failed to produce a truce.

1 mediation [mìːdiéiʃən]
명 중재, 조정

2 truce [truːs]
명 휴전

62

chapter
04
law & crime

04 법과 범죄

도덕①과 법②은 꼭 같은③ 것은 아니다.

☞ Morality and law are not necessarily identical.

1 morality [mɔrǽləti]
명 도덕, 도덕성

2 law [lɔ:]
명 법, 법률

3 identical [aidéntikəl]
형 동일한, 같은, 일치하는

연방①법에 있는 명백한② 허점③들을 메우기 위해 법률 제정④이 필요하다.

☞ Legislation needs to close the obvious loopholes in federal law.

1 federal [fédərəl]
형 연방의, 연방 정부의

2 obvious [ábviəs]
형 분명한, 명백한

3 loophole [lú:phòul]
명 구멍, 허점

4 legislation [lèdʒisléiʃən]
명 제정법, 법률의 제정

비록 노예 제도①는 폐지되었지만② 인종 차별주의③는 그렇지 않았다.

☞ Although slavery was abolished, racism was not.

1 slavery [sléivəri]
명 노예 제도, 노예의 신분

2 abolish [əbáliʃ]
동 폐지하다, 철폐하다

3 racism [réisizəm]
명 인종 차별주의, 인종적 편견

헌법[1]**을 수정하는**[2] 것은 아주 중요한 문제이다.

> Amending the constitution is a very serious matter.

1 constitution [kànstətjúːʃən]
명 헌법, 체질, 구조

2 amend [əménd]
동 개정하다, 수정하다

합법적인[1] 것이나 **불법적인**[2] 것은 **유동적**[3]일지 모르지만 근본적인 도덕은 그렇지 않다.

> What is legal or illegal may be fluid, but basic morality is not.

1 legal [líːgəl]
형 법률과 관련된, 합법적인

2 illegal [ilíːgəl]
형 불법의, 위법의

3 fluid [flúːid]
형 유동적인, 부드러운

보충 어휘 ◑ legality : 합법성, 적법성

그 **위원회**[1]는 다른 조직들과 **협력해야**[2] 할 **법적인**[3] 의무가 있다.

> The commission has a statutory duty to co-operate with other organizations.

1 commission [kəmíʃən]
명 위원회, 수수료

2 co-operate [kouɑ́pərèit]
동 협력하다, 협동하다

3 statutory [stǽtʃutɔ̀ːri]
형 법으로 정한, 법에 명시된

보충 어휘 ◑ statutory authority : 법에 의해 규정된 권한

> **사법부**[1]는 그가 법을 **위반**[2]했다고 공표했다.

The judiciary declared that he was in violation of the law.

1 judiciary [dʒuːdíʃièri]
명 사법부, 법관들

2 violation [vàiəléiʃən]
명 위반

> 그들은 산업에 **적용된**[1] **법규**[2]들을 **지키지**[3] 않고 있다.

They do not observe the regulations applied to the industry.

1 apply [əplái]
통 적용하다, 신청하다, 지원하다

2 regulation [règjəléiʃən]
명 규칙, 규정, 법규

3 observe [əbzə́ːrv]
통 지키다, 준수하다

보충 어휘 ◑ decree : 법령, 칙령 · *presidential decree* : 대통령령

> **권총**[1]의 개인적인[2] **소유**[3]를 **금하는**[4] 법안이 **제출될**[5] 것이다.

A Bill will be introduced to prohibit the private possession of handguns.

1 handgun [hǽndgʌ̀n]
명 권총

2 private [práivit]
형 사적인, 개인 소유의, 사립의

3 possession [pəzéʃən]
명 소유, 소지

4 prohibit [prouhíbit]
통 금지하다

5 introduce [ìntrədjúːs]
통 소개하다, 제출하다

보충 어휘 ◑ forbid : 금하다, 금지하다

66

> 새 **법령**①이 어떻게 **시행될지**② **명확하지 않았다**③.

☞ It was unclear how the new ordinance would be enforced.

1 ordinance [ɔ́ːrdənəns]
명 법령, 조례

2 enforce [infɔ́ːrs]
동 시행하다, 실시하다

3 unclear [ʌnklíər]
형 불확실한, 명백하지 않은

(보충 어휘) ◑ enforcement : 시행, 집행 · *law enforcement* : 법률 집행

> 그 **처벌**①은 추후에 있을 **범죄**②를 **억제**③하는 역할을 해야 한다.

☞ The punishment must serve as a deterrent to further transgression.

1 punishment [pʌ́niʃmənt]
명 벌, 형벌, 처벌

2 transgression [trænsgréʃən]
명 위반, 범죄

3 deterrent [ditə́ːrənt]
명 제지하는 것, 억제책

(보충 어휘) ◑ transgress : 어기다, 넘어서다 · *transgress morality* : 도덕을 어기다

범죄①**는 법령**②**과 통칙**③**에 의해 정해지고 처벌을 받는다**④.

Crimes are to be defined and punished by statutes and by the general rules.

1 crime [kraim]
몡 죄, 범죄

2 statute [stǽtʃuːt]
몡 법령, 성문법

3 general rules [dʒénərəl ruːlz]
몡 일반 규칙, 통칙

4 punish [pʌ́niʃ]
통 벌하다, 응징하다

FBI는 그 **사고**①**는 범죄**② 행위의 **결과**③**가 아니라고 결론을 내렸다**④.

The FBI has concluded the crash was not the result of a criminal act.

1 crash [kræʃ]
몡 (충돌·추락) 사고, 굉음

2 criminal [krímənl]
혱 범죄의 몡 범인

3 result [rizʌ́lt]
몡 결과, 결말

4 conclude [kənkluːd]
통 결론을 내리다, 끝내다

그는 **폭행**①**과 구타**②죄로 **기소되었다**③.

He was charged with assault and battery.

1 assault [əsɔ́ːlt]
몡 폭행, 폭력

2 battery [bǽtəri]
몡 구타, 건전지

3 charge [tʃɑːrdʒ]
통 기소하다, 청구하다 몡 기소, 요금

3일 후에, 그가 **범인**[1]**으로 확인되었다**[2].

☞ Three days later, he was identified as the culprit.

1 culprit [kʌ́lprit]
명 범인, 피의자

2 identify [aidéntəfài]
동 확인하다, 동일시하다

누군가가 **중죄**[1]**를 저지르면**[2] 그는 1년 이상 **감옥**[3]에 수감될 것이다.

☞ If a person commits a felony he'll be in prison for longer than one year.

1 felony [féləni]
명 중죄

2 commit [kəmít]
동 범하다, 저지르다

3 prison [prízn]
명 교도소, 감옥 ▶ be in prison : 수감 중이다

보충 어휘 ◑ misdemeanor : 경범죄, 비행

누구나 **속도 위반**[1]이나 **사소한**[2] 자동차 관련 **위반 행위**[3]로 **벌금을 부과받은**[4] 적이 있을 것이다.

☞ Everyone has been fined for a speeding or petty motoring offense.

1 speeding [spí:diŋ]
명 속도 위반

2 petty [péti]
형 사소한, 하찮은

3 offense [əféns]
명 위법 행위, 범죄

4 fine [fain]
동 벌금을 과하다 명 벌금

보충 어휘 ◑ criminal offense : 형사 범죄

경찰은 성**범죄자**®들을 **적발**®해서 **체포**®하는 것을 최**우선 순위**®로 하고 있다.

⟮ℓ⟯ The police give a high priority to the detection and apprehension of sexual offenders.

1 offender [əféndər]
몡 범죄자, 위반자

2 detection [ditékʃən]
몡 발견, 탐지, 간파

3 apprehension [æprihénʃən]
몡 우려, 불안, 체포

4 priority [praiɔ́rəti]
몡 우선 (사항) ▶ high priority : 최우선 순위

그는 **살인**® **모의**®와 **방화**®의 혐의를 받고 있다®.

⟮ℓ⟯ He faces charges of conspiracy to commit murder and arson.

1 murder [mə́ːrdər]
몡 살인 통 살해하다

2 conspiracy [kənspírəsi]
몡 공모, 모의, 음모

3 arson [áːrsn]
몡 방화, 방화죄

4 face [feis]
통 직면하다, 마주보다

⟮보충 어휘⟯ ❶ murderer : 살인범
❶ arsonist : 방화범

그는 **강간**® **공범자**®로 수감 중이다.

⟮ℓ⟯ He is in prison for being an accomplice to rape.

1 rape [reip]
통 강간하다, 성폭행하다 몡 강간, 성폭행

2 accomplice [əkʌ́mplis]
몡 공범자, 연루자

⟮보충 어휘⟯ ❶ rapist : 강간범

그는 **절도**^①와 **강도**^② 혐의로 **체포되었다**^③.

He was arrested on theft and robbery charges.

1 theft [θeft]
명 도둑질, 절도

2 robbery [rάbəri]
명 강도, 약탈

3 arrest [ərést]
통 체포하다, 구속하다

보충 어휘 ❍ thief : 도둑
❍ robber : 강도

그는 **공갈죄**^①로 5년 동안 **감옥**^②에 수감되는 형을 **선고받았다**^③.

He was sentenced to 5 years in jail for racketeering.

1 racketeering [rὰkitíə:riŋ]
명 공갈

2 jail [dʒeil]
명 교도소, 감옥

3 sentence [séntəns]
통 선고하다 명 형벌, 선고, 문장

보충 어휘 ❍ racketeer : 모리배, 협잡꾼

그녀는 **유괴**^① 혐의에 대해서는 **죄**^②가 없다고 **답변했다**^③.

She has pleaded not guilty to kidnapping charges.

1 kidnapping [kídnæpiŋ]
명 납치, 유괴

2 guilty [gílti]
형 유죄의, 죄책감이 드는

3 plead [pli:d]
통 답변하다, 애원하다, 변호하다

보충 어휘 ❍ plead guilty : 유죄를 인정하다

71

어떤 것은 정치적인 **이유가 있기**[1]는 하지만, 대부분의 **납치**[2]는 **몸값**[3]을 받기 위해서이다.

Most abductions are for ransom although a few have been politically motivated.

1 motivate [móutəvèit]
图 이유가 되다, 동기를 부여하다

2 abduction [æbdʌ́ktʃən]
图 유괴, 납치

3 ransom [rǽnsəm]
图 몸값

보충 어휘 ◑ abduct : 유괴하다, 납치하다

금요일 늦게 **인질**[1]들 중 한 명이 **풀려났다**[2].

One of the hostages was released late Friday.

1 hostage [hɑ́stidʒ]
图 인질, 볼모

2 release [rilíːs]
图 풀어 주다, 석방하다 图 석방, 풀어 줌

연쇄 살인범[1]은 **정신병 환자**[2]와 **사이코패스**[3]라는 두 **범주**[4]로 나누어진다.

A serial killer falls into two categories: psychotics and psychopaths.

1 serial killer [síəriəl kílər]
图 연쇄 살인범 ▶ serial : 상습[연쇄]적인

2 psychotic [saikɑ́tik]
图 정신병 환자

3 psychopath [sáikoupæ̀s]
图 반사회성 성격 장애자

4 category [kǽtəgɔ̀ːri]
图 범주

보충 어휘 ◑ serial rapist : 연쇄 강간범

희생자①들은 여러 군데② 칼에 찔린③ 상처④를 입은 채 발견되었다⑤.

☞ The victims were discovered with multiple stab wounds.

1 victim [víktim]
  명 희생자, 피해자

2 multiple [mʌ́ltəpəl]
  형 많은, 다수의, 복합적인

3 stab [stæb]
  명 찌르기, 자상 통 찌르다

4 wound [wu:nd]
  명 부상, 상처

5 discover [diskʌ́vər]
  통 발견하다, 찾다

그는 최근에 **사기**①와 **위조**②, **위증죄**③로 유죄 판결을 받았다④.

☞ He was recently convicted for fraud, forgery and perjury.

1 fraud [frɔːd]
  명 사기, 협잡

2 forgery [fɔ́ːrdʒəri]
  명 위조, 위조죄

3 perjury [pə́ːrdʒəri]
  명 위증, 위증죄

4 convict [kənvíkt]
  통 유죄를 선고하다, 유죄 판결을 내리다

직장①에서 성희롱②을 **피하는**③ 최선의 방법은 **예방**④이다.

☞ The best way to avoid sexual harassment in the workplace is prevention.

1 workplace [wə́ːrkplèis]
  명 직장, 작업장

2 harassment [hǽrəsmənt]
  명 괴롭힘, 희롱

3 avoid [əvɔ́id]
  통 피하다, 회피하다

4 prevention [privénʃən]
  명 방지, 예방

아동 **학대**①와 **방치**②는 아이에게 심각한 **영향**③을 줄 수 있다.

☞ Child abuse and neglect can have serious effects on the child.

1 abuse [əbjúːz]
명 남용, 학대 통 남용하다, 학대하다

2 neglect [niglékt]
명 방치 통 방치하다, 등한하다

3 effect [ifékt]
명 결과, 효과, 영향

마약① **중독자**②는 하루 **복용량**③을 위한 돈을 **얻기**④ 위해서 어떤 짓도 할 것이다.

☞ A drug addict will do anything to obtain the money for their daily dosage.

1 drug [drug]
명 약, 약품, 마약

2 addict [ədíkt]
명 중독자

3 dosage [dóusidʒ]
명 정량, 복용량, 투여량

4 obtain [əbtéin]
통 얻다, 손에 넣다

밀수①의 **규모**②가 매년 **증가하고**③ 있다.

☞ The scale of smuggling is increasing year on year.

1 smuggle [smʌ́gəl]
통 밀수하다, 밀반입[출]하다

2 scale [skeil]
명 규모, 등급, 눈금, 저울

3 increase [inkríːs]
통 증가하다, 늘다

보충 어휘 ◑ smuggler : 밀수범, 밀수업자

74

그녀는 **소매치기**①에게 지갑을 **도둑질 당했다**②.

She was robbed of her wallet by a pickpocket.

1 pickpocket [píkpɑ̀kit]
몡 소매치기

2 rob [rɑb]
통 도둑질하다, 강탈하다

간통①은 이슬람 법 아래에서는 사형에 **처해질 수 있다**②.

Adultery is punishable by death under Islamic law.

1 adultery [ədʌ́ltəri]
몡 간통

2 punishable [pʌ́niʃəbəl]
혱 처벌할 수 있는

수사관①들은 그 사건②을 살인③ 사건으로 다루고 있다④.

Investigators are treating the case as a homicide.

1 investigator [invéstəgèitər]
명 수사관, 조사관

2 case [keis]
명 사건, 경우, 소송

3 homicide [hάməsàid]
명 살인

4 treat [tri:t]
동 다루다, 대하다

형사①들이 그 의심스러운② 죽음을 수사하고③ 있다.

Detectives are investigating the suspicious deaths.

1 detective [ditéktiv]
명 형사, 수사관

2 suspicious [səspíʃəs]
형 의혹을 갖는, 의심스러운

3 investigate [invéstəgèit]
동 수사하다, 조사하다

경찰은 지문①과 감시② 테이프를 통해 용의자③의 신원이 확인되기를 희망했다.

Police hoped to identify the suspect through fingerprints and surveillance tapes.

1 fingerprint [fíŋgərprìnt]
명 지문

2 surveillance [sərvéiləns]
명 감시, 감독

3 suspect [səspékt]
명 혐의자, 용의자 동 의심하다

거의 천 명의 **경찰관**❶들이 12시간 **교대**❷로 거리를 **순찰하고**❸ 있다.

☞ Nearly 1,000 police officers are patrolling city streets in 12-hour shifts.

1 police officer [pəlíːs ɔ́fisər]
몡 경찰관

2 shift [ʃift]
몡 교대조, 교대 근무, 변화

3 patrol [pətróul]
동 순찰하다 몡 순찰

그는 낸시의 **실종**❶과 **연루**❷된 **혐의**❸로 체포되었다.

☞ He was arrested on suspicion of involvement in Nancy's disappearance.

1 disappearance [dìsəpíərəns]
몡 사라짐, 실종, 소멸

2 involvement [inválvmənt]
몡 관련, 연루, 몰두

3 suspicion [səspíʃən]
몡 혐의, 의심

유괴범❶들은 그들 **눈을 가리고**❷ 등 뒤로 **수갑을 채웠다**❸.

☞ The kidnappers blindfolded them and handcuffed their hands behind their backs.

1 kidnapper [kídnæpər]
몡 유괴범

2 blindfold [bláindfòuld]
동 눈을 가리다 몡 눈가리개

3 handcuff [hǽndkλf]
동 수갑을 채우다

77

구류[1]되어 있는 동안 경찰은 그가 은행 강도죄를 **자백할**[2] 때까지 그를 **심문했다**[3].

While in custody, police interrogated him until he confessed to the bank robbery.

1 custody [kʌ́stədi]
명 유치, 구류, 양육권

2 confess [kənfés]
통 자백하다, 고백하다

3 interrogate [intérəgèit]
통 질문하다, 심문하다

경찰은 **단서**[1]를 **찾기**[2] 위해 침착하게 건물을 **봉쇄했다**[3].

Police quietly sealed off the building to hunt for clues.

1 clue [klu:]
명 단서, 실마리

2 hunt [hʌnt]
통 찾다, 뒤지다, 사냥하다

3 seal [si:l]
통 봉쇄하다, 봉하다 명 도장, 밀봉 부분

그녀의 죽음은 **우발적인**[1] 사망으로 **결정이 났지만**[2] **최근**[3] **부검**[4]에서 살인의 **증거**[5]가 발견되었다.

Her death was ruled accidental, but a recent autopsy showed evidence of homicide.

1 accidental [æ̀ksidéntl]
형 우연한, 우발적인

2 rule [ru:l]
통 결정을 내리다, 판결을 내리다

3 recent [rí:sənt]
형 근래의, 최근의

4 autopsy [ɔ́:tɑpsi]
명 검시, 부검

5 evidence [évidəns]
명 증거, 흔적

어떤 **도청**[1] 이라도 **영장**[2] 없이 허용하는 것은 수많은 **문제**[3] 를 **만들어 낸다**[4] .

Allowing any kind of wiretapping without warrants creates too many issues.

1 wiretapping [wáiə:rtæpiŋ]

명 도청

2 warrant [wɔ́rənt]

명 영장, 보증서

3 issue [íʃu:]

명 문제, 주제, 쟁점

4 create [kriéit]

동 창조하다, 만들어 내다

경찰은 **비밀**[1] **정보원**[2] 으로부터 **정보**[3] 를 받았다.

Police got a tip from the confidential informant.

1 confidential [kὰnfidénʃəl]

형 비밀의, 은밀한, 신뢰를 받는

2 informant [infɔ́:rmənt]

명 정보원, 정보 제공자

3 tip [tip]

명 정보, 조언

경찰이 **추격**[1] 을 했지만 그 용의자는 **달아나고**[2] 말았다.

Police officers gave chase but the suspect escaped.

1 chase [tʃeis]

명 추적, 추격 동 쫓다, 추격하다

2 escape [iskéip]

동 달아나다, 탈출하다

보충 어휘 ● fugitive : 도망자, 탈주자
　　　　　● bounty : 포상금

> **법원**[1] **판결**[2]은 **검사**[3]가 **구형한**[4] 것보다 덜 **가혹했다**[5].

The court ruling was less severe than what prosecutors had sought.

1 court [kɔːrt]
명 법원, 법정

2 ruling [rúːliŋ]
명 판결, 결정

3 prosecutor [prásəkjùːtər]
명 검사, 검찰관

4 seek [siːk]
동 구하다, 추구하다, 시도하다

5 severe [sivíər]
형 가혹한, 엄격한, 극심한

> **대법원**[1]은 **하급 법원**[2]의 결정을 **뒤집었다**[3].

Supreme Court reversed the lower court decision.

1 supreme court [suːpríːm kɔːrt]
명 대법원 ▶ supreme : 최고의, 최상의

2 lower court [lóuər kɔːrt]
명 하급 법원

3 reverse [rivə́ːrs]
동 뒤집다, 뒤바꾸다 명 반대, 역

보충 어휘 ◑ district court : (미국) 지방 법원
◑ court of appeal : 상소 법원

> **사법**[1] 제도의 첫 번째 책무는 **정의**[2]를 행하는 것이다.

The first duty of the judicial system is to do justice.

1 judicial [dʒuːdíʃəl]
형 사법의, 재판의

2 justice [dʒʌ́stis]
명 정의, 공정, 사법, 재판, 판사

판사^①는 그 **소송**^②에 대한 **재판**^③을 7월 28일에 열기로 계획하고 있다.

☞ The judge plans to set a trial date for the lawsuits on July 28.

1 judge [dʒʌdʒ]
몡 재판관, 판사, 심판

2 lawsuit [lɔ́:sùːt]
몡 소송, 고소

3 trial [tráiəl]
몡 재판, 공판, 시험, 실험

검찰측^①은 **피고**^②들의 유죄를 입증할 만큼 명백한 증거가 **부족했다**^③.

☞ The prosecution lacked hard evidence pointing to the defendants' guilt.

1 prosecution [prɑ̀səkjúːʃən]
몡 검찰측, 기소자측, 기소

2 defendant [diféndənt]
몡 피고

3 lack [læk]
통 부족하다 몡 부족, 결핍

그의 **변호사**^①는 그가 **유죄 판결**^②에 대해 **항소할**^③ 것이라고 말했다.

☞ His attorney has said he plans to appeal the conviction.

1 attorney [ətə́ːrni]
몡 변호사, 대리인

2 conviction [kənvíkʃən]
몡 유죄 선고, 유죄 판결

3 appeal [əpíːl]
통 항소[상고]하다, 호소하다 몡 항소, 상고

그의 **변호사**^①는 **의뢰인**^②이 범죄를 저질렀다는 것을 **부인하고 있다**^③.

His lawyer denies that his client has committed any crime.

1 lawyer [lɔ́:jər]
명 변호사, 법률가

2 client [kláiənt]
명 의뢰인, 고객

3 deny [dinái]
동 부인하다, 부정하다

살인 피해자의 가족들이 **소송**^①을 **제기했다**^②.

The murder victims' families filed the suit.

1 suit [su:t]
명 소송

2 file [fail]
동 제기하다, 제출하다, 보관하다

보충 어휘 ◖ criminal suit : 형사 소송　　◖ civil suit : 민사 소송

검찰은 그녀의 **증언**^①이 **필수적**^②이라고 말했다.

The prosecutor said her testimony was vital.

1 testimony [téstəmòuni]
명 증거, 증언

2 vital [váitl]
형 필수적인, 생명 유지에 필요한

그는 국가를 상대로 **소송을 제기한**^① 10명의 **고소인**^②들 중의 한 명이다.

He is one of 10 plaintiffs who sued the state.

1 sue [su:]
동 고소하다, 소송을 제기하다

2 plaintiff [pléintif]
명 원고, 고소인

그는 **증언하기**^❶ 위해 **법정**^❷에 **소환되었다**^❸.

He was summoned into the courtroom to testify.

1 testify [téstəfài]
통 증언하다, 진술하다, 증명하다

2 courtroom [kɔ́:rtrùm]
명 법정

3 summon [sʌ́mən]
통 소환하다, 부르다

그는 소년을 **성추행하고**^❶ 술을 억지로 **권한**^❷ 혐의로 **고소 당했다**^❸.

He is accused of molesting a boy and plying him with alcohol.

1 molest [məlést]
통 성추행하다

2 ply [plai]
통 억지로 권하다, 부지런히 움직이다

3 accuse [əkjúːz]
통 고발하다, 고소하다

피고측 변호사들은 **증인**^❶의 **신빙성**^❷에 **의문을 제기했다**^❸.

Defense lawyers questioned the reliability of the witness.

1 witness [wítnis]
명 목격자, 증인 통 목격하다

2 reliability [rilàiəbíləti]
명 신빙성, 확실성

3 question [kwéstʃən]
통 의심하다, 의문을 갖다, 질문하다

보충 어휘 ❶ defense witness : 피고측 증인
❶ prosecution witness : 검찰측 증인

만약 그녀가 **기소된다면**[1] 재판에서 **결백하다고**[2] 진술할 것이다.

She will plead innocent and go to trial if she is indicted.

1 indict [indáit]

통 기소하다, 고발하다

2 innocent [ínəsnt]

형 결백한, 무죄의, 순진한

보충 어휘 ◑ indictment : 기소, 고발장, 기소장

그는 2005년도에 **정신 이상**[1]이라는 이유로 **무죄를 선고받았다**[2].

He was acquitted in 2005 by reason of insanity.

1 insanity [insǽnəti]

명 정신 이상, 미친 짓

2 acquit [əkwít]

통 무죄를 선고하다

보충 어휘 ◑ be acquitted and released : 무죄판결을 받고 풀려나다

배심원[1]들이 **평결**[2]을 내리는 데 실패해서 **재심**[3]이 지금 열릴 것이다.

The jury failed to reach a verdict and there will now be a retrial.

1 jury [dʒúəri]

명 배심원단

2 verdict [vá:rdikt]

명 평결, 의견

3 retrial [ri:tráiəl]

명 재심

보충 어휘 ◑ a verdict of not guilty : 무죄 평결
◑ a verdict of conviction : 유죄 평결

84

그들의 소송은 **기각되었고**[1] 정부에 의해 **완전히**[2] 무시되었다[3].

☞ Their case was dismissed and entirely ignored by the Government.

1 dismiss [dismís]
동 기각하다, 묵살하다

2 entirely [intáiərli]
부 전적으로, 완전히

3 ignore [ignɔ́:r]
동 무시하다

사형[1]의 일반적인 **대안**[2]은 평생 동안[3] 감옥에 가두는 것[4]이다.

☞ The usual alternative to the death penalty is lifelong imprisonment.

1 death penalty [deθ pénəlti]
명 사형 ▶ penalty : 형벌, 벌금

2 alternative [ɔ:ltə́:rnətiv]
명 대안, 선택 가능한 것

3 lifelong [laiflɔ́:ŋ]
형 평생 동안의, 일생의

4 imprisonment [imprízənmənt]
명 투옥, 구금

교도소장[1]의 승인이 떨어지자 그 **수감자**[2]는 작업에 **배치되었다**[3].

☞ When approved by the warden, the inmate was assigned a job.

1 warden [wɔ́:rdn]
명 교도소장, 관리인

2 inmate [ínmèit]
명 수감자, 재소자, 입원자

3 assign [əsáin]
동 할당하다, 배치하다, 맡기다

85

> 그는 **가석방**①의 권리가 없는 종신형 **죄수**②이다.

He's a life prisoner with no right of parole.

1 parole [pəróul]
명 가석방

2 prisoner [príznər]
명 죄수, 형사 피고인

> 그는 **보호관찰**① 3년을 선고받고 **배상금**② 만 달러를 지불하라고 명령받았다.

He was sentenced to 3 years probation and was ordered to pay $10,000 restitution.

1 probation [proubéiʃən]
명 보호 관찰

2 restitution [rèstətjúːʃən]
명 배상, 보상, 반환

보충 어휘 ◗ suspended sentence : 집행 유예

> 그녀는 추가 **조사**①가 **있을 때까지**② **보석**③으로 풀려났다.

She has been released on bail pending further inquiries.

1 inquiry [inkwáiəri]
명 조사, 취조, 연구

2 pending [péndiŋ]
전 있을 때까지 형 계류 중인

3 bail [beil]
명 보석, 보석금

chapter

05

society & welfare

05 사회와 복지

어떤 사람들은 **인간**[1] **사회**[2]의 첫 번째 형태는 **모계 중심 사회**[3]였다고 생각한다.

Some people believe that the first type of human society was the matriarchy.

1 human [hjúːmən]
명 인간 형 인간의, 사람의

2 society [səsáiəti]
명 사회, 집단, 협회

3 matriarchy [méitriàːrki]
명 모계 (중심) 사회

우리가 **살고 있는**[1] 세계는 **점점 더**[2] **상호의존적**[3]이 되고 있다.

The world we inhabit is increasingly interdependent.

1 inhabit [inhǽbit]
동 살다, 거주하다

2 increasingly [inkríːsiŋli]
부 점점 더

3 interdependent [ìntərdipéndənt]
형 상호의존적인

그 도시의 **공동체**[1] 정신[2]은 아주 **훌륭하다**[3].

The community spirit in the city has been brilliant.

1 community [kəmjúːnəti]
명 사회, 공동 사회, 공동체

2 spirit [spírit]
명 정신, 영혼

3 brilliant [bríljənt]
형 훌륭한, 멋진, 뛰어난

Y세대[●]는 **자부심[●]**이 높고 **자신감에 차 있는[●]** 세대이다.

☞ Generation Y is a confident generation, with high self-esteem.

1 generation [ʤènəréiʃən]
명 세대, 대

2 self-esteem [selfistíːm]
명 자부심 ▶ esteem : 존경

3 confident [kánfidənt]
형 자신감 있는, 확신하는

트위터 같은 **소셜[●] 네트워크[●]**는 사람들의 도덕 관념을 **무디게[●]** 할지 모른다.

☞ Social networks such as Twitter may blunt people's sense of morality.

1 social [sóuʃəl]
형 사회의, 사회적인

2 network [nétwəːrk]
명 망, 관계, 네트워크

3 blunt [blʌnt]
동 무디게 하다 형 무딘

시골[●] 인구의 **도시[●] 이주[●]**가 계속 증가하는 **추세[●]**이다.

☞ The migration of the rural population to urban areas is an ever-increasing trend.

1 rural [rúərəl]
형 시골의, 지방의

2 urban [ə́ːrbən]
형 도시의, 도회지의

3 migration [maigréiʃən]
명 이주, 이전

4 trend [trend]
명 추세, 동향

보충 어휘 ◑ slum : 빈민가

그 **마을**①은 **고립되어**② 있어 **거주자**③들은 위한 **시설**④들이 거의 없다.

The village is isolated, there are few facilities for its inhabitants.

1 village [vílidʒ]
몡 마을, 촌락

2 isolate [áisəlèit]
동 고립시키다, 격리하다

3 inhabitant [inhǽbətənt]
몡 주민, 거주자, 서식 동물

4 facility [fəsíləti]
몡 시설, 기관, 기능

캐나다에서는 **대략**① 모든 **결혼**②의 반 정도가 **이혼**③으로 끝난다.

In Canada, roughly half of all marriages end in divorce.

1 roughly [rʌ́fli]
붬 대략, 거의, 거칠게

2 marriage [mǽridʒ]
몡 결혼 생활, 결혼

3 divorce [divɔ́:rs]
몡 이혼 동 이혼하다

보충 어휘 ◑ cohabitation : 동거, 부부살이, 공동 생활

남성①과 **여성**②의 **임금**③의 **차이**④가 **좁아지고**⑤ 있다.

The gap between male and female wages has narrowed.

1 male [meil]
형 남성의, 수컷의 몡 남성, 수컷

2 female [fí:meil]
형 여성의, 암컷의 몡 여성, 암컷

3 wage [weidʒ]
몡 임금, 급료

4 gap [gæp]
몡 간격, 차이, 틈

5 narrow [nǽrou]
동 좁히다, 좁아지다 형 좁은

(2) 사회 문제

> 비관주의자들은 인구 과밀이 기근과 재앙을 가져올 거라고 믿는다.

☞ Pessimists believe that overpopulation will lead to famine and catastrophe.

1 pessimist [pésimist]
명 비관주의자

2 overpopulation [óuvərpɑpjəléiʃən]
명 인구 과잉, 인구 과밀

3 famine [fǽmin]
명 기근, 굶주림

4 catastrophe [kətǽstrəfi]
명 참사, 재앙

보충 어휘) ◑ optimist : 낙천주의자, 낙관론자

> 실업은 심각한 빈곤의 덫으로 빠지게 할 수 있다.

☞ Unemployment could lead to a serious poverty trap.

1 unemployment [ʌ̀nimplɔ́imənt]
명 실업, 실직, 실업 상태

2 poverty [pávərti]
명 가난, 빈곤, 결핍

3 trap [træp]
명 올가미, 덫, 함정

> 그 마을은 믿기 힘들 정도로 오염되었고 가난에 빠져 있다.

☞ The town is incredibly polluted and impoverished.

1 incredibly [inkrédəbəli]
부 믿기 힘들 정도로, 엄청나게

2 pollute [pəlú:t]
통 오염시키다

3 impoverish [impávəriʃ]
통 가난하게 하다

> 마약 **중독**❶은 아마 **현대**❷ 사회에서 가장 큰 **병충해**❸일 것이다.

> Drug addiction is probably the biggest blight on modern society.

1 addiction [ədíkʃn]
명 중독

2 modern [mάdərn]
형 현대의, 현대적인

3 blight [blait]
명 병충해, 어두운 그림자 동 망치다

> 오늘날 **인종 간의**❶ **불평등**❷은 매우 **큰**❸ 문제이다.

> Racial inequality today is an enormous issue.

1 racial [réiʃəl]
형 인종 간의, 민족 간의

2 inequality [ìnikwάləti]
명 불평등, 불균등

3 enormous [inɔ́ːrməs]
형 거대한, 매우 큰

보충 어휘 ❶ racial prejudice : 인종적 편견

> 현실 세계에서 **성**❶**차별**❷은 여전히 살아 있고 **어디에서나**❸ 볼 수 있다.

> In the real world, gender discrimination is alive and well and ubiquitous.

1 gender [dʒéndər]
명 성, 성별

2 discrimination [diskrìmənéiʃən]
명 차별, 안목

3 ubiquitous [juːbíkwətəs]
형 도처에 있는, 어디에나 있는

낙태[1]는 수십 년[2] 동안 논란이 많은[3] 주제[4]였다.

Abortion has been a controversial subject for many decades.

1 abortion [əbɔ́ːrʃən]
명 낙태, 임신중절

2 decade [dékeid]
명 10년

3 controversial [kὰntrəvə́ːrʃəl]
형 논란이 많은

4 subject [sʌ́bdʒikt]
명 주제, 문제, 학과

현재 오늘날의 사회에서 매춘[1]은 외로운[2] 남자들의 필요에 의해 살아남았다[3].

Now in today's society prostitution has survived on the need of lonely men.

1 prostitution [prὰstətjúːʃən]
명 매춘, 성매매

2 lonely [lóunli]
형 외로운, 고독한

3 survive [sərváiv]
동 생존하다, 살아남다

보충 어휘 ◑ prostitute : 매춘부

매년 십대[1] 자살[2]률이 엄청나게[3] 올라가고 있다.

Each year the teenage suicide rate has gone up immensely.

1 teenage [tíːnèidʒ]
형 십대의

2 suicide [súːəsàid]
명 자살, 자살 행위

3 immensely [iménsli]
부 엄청나게, 대단히

보충 어휘 ◑ commit suicide : 자살하다

그 나라는 **유아** [1] **사망률** [2]이 높고 **영양 실조** [3]가 광범위하게 퍼져 [4]있다.

> The country has a high infant mortality rate and malnutrition is widespread.

1 infant [ínfənt]
명 유아, 아기 형 유아용의

2 mortality [mɔːrtǽləti]
명 사망자 수, 사망률, 죽어야 할 운명

3 malnutrition [mælnjuːtríʃən]
명 영양 실조

4 widespread [wáidspréd]
형 광범위한, 널리 퍼진

우리는 **술** [1]의 **남용** [2]은 아주 [3] **해롭다** [4]는 것을 알고 있다.

> We know the misuse of alcohol is extremely harmful.

1 alcohol [ǽlkəhɔ̀l]
명 술, 알코올

2 misuse [misjúːz]
명 남용, 오용 동 남용[오용]하다

3 extremely [ikstríːmli]
부 극도로, 아주

4 harmful [háːrmfəl]
형 해로운, 해가 되는

보충 어휘 ◑ alcoholic : 술의, 알코올[술] 중독자

비만 [1]과 **거식증** [2]은 **생식력** [3]에 **영향** [4]을 줄 것이다.

> Obesity and anorexia have an impact on fertility.

1 obesity [oubíːsəti]
명 비만, 비대

2 anorexia [ænəréksiə]
명 거식증, 신경성 식욕 부진증

3 fertility [fəːrtíləti]
명 생식력, 비옥함

4 impact [ímpækt]
명 영향, 충격, 충돌

보충 어휘 ◑ overeat : 과식하다

94

우리의 에너지 **소비**®가 **위험할 정도로 빠른**® **속도**®로 증가하고 있다.

☞ Our energy consumption is increasing at a breakneck pace.

1 consumption [kənsʌ́mpʃən]
톙 소비

2 breakneck [bréiknèk]
톙 위험할 정도로 빠른

3 pace [peis]
톙 속도, 걸음

〔보충 어휘〕 ◑ excessive consumption : 과소비

나는 **낭비하는**® 사람과 **탐욕스러운**® 사람에게는 **연민**®을 가지지 않는다.

☞ I have no sympathy for the extravagant and greedy.

1 extravagant [ikstrǽvəgənt]
톙 낭비하는, 사치스러운

2 greedy [grí:di]
톙 욕심 많은, 탐욕스러운

3 sympathy [símpəθi]
톙 동정, 연민

〔보충 어휘〕 ◑ extravagant wedding : 호화 결혼식

자립심®과 **절약**®은 배우기에 어려운 **자질**®이다.

☞ Self-reliance and frugality are hard qualities to learn.

1 self-reliance [selfriláiəns]
톙 자기 의존, 자립심

2 frugality [fru:gǽləti]
톙 절약, 검소

3 quality [kwɑ́ləti]
톙 질, 자질, 우수함

95

> **청소년°** 범죄°라는 사회적 문제에 대한 **우려°**가 점점 커지고 있다.

☞ There is growing concern for the social problem of juvenile delinquency.

1 juvenile [dʒúːvənail]
형 청소년의 명 청소년

2 delinquency [dilíŋkwənsi]
명 비행, 범죄

3 concern [kənsə́ːrn]
명 우려, 걱정, 관심사 통 관심을 갖다, 걱정하다

> **집 없는°** 사람의 **곤경°**이 대부분 **간과되어져°** 왔던 것 같다.

☞ The plight of the homeless seems to have been mostly overlooked.

1 homeless [hóumlis]
형 집 없는, 노숙자의

2 plight [plait]
명 역경, 곤경

3 overlook [òuvərlúk]
통 간과하다, 못 본 체하다

(3) 복지

우리는 **장애**^①를 가진 사람들을 위해 **복지**^② 제도를 **현대화해야**^③ 한다.

☞ We have to modernize the welfare system for people with disabilities.

1 disability [dìsəbíləti]
몡 장애

2 welfare [wélfɛ̀ər]
몡 복지, 후생

3 modernize [mɑ́:dərnàiz]
동 현대화하다

[보충 어휘] ◑ disabled : 장애를 가진

장애^①인들은 모든 방면에서 **보살핌**^②과 지원이 필요하다.

☞ The handicapped need care and support at all levels.

1 handicapped [hǽndikæ̀pt]
혱 신체[정신]적 장애가 있는

2 care [kɛər]
몡 돌봄, 보살핌 동 상관하다, 배려하다

그들은 현재 **실직**^① 상태이어서 **구직자**^② **수당**^③을 받고 있다.

☞ They are currently unemployed and receiving jobseeker's allowance.

1 unemployed [ʌ̀nimplɔ́id]
혱 일이 없는, 실직한

2 jobseeker [dʒɑ́bsì:kər]
몡 구직자

3 allowance [əláuəns]
몡 비용, 수당, 용돈

연세가 있는① 사람들은 단순하고 **복잡하지 않은**② 연금③ 을 원한다.

Elderly people want a simple and straightforward pension.

1 elderly [éldərli]
형 나이가 지긋한

2 straightforward [strèitfɔ́:rwərd]
형 간단한, 복잡하지 않은

3 pension [pénʃən]
명 연금, 생활 보조금

그녀는 불법 체류자이어서 **공적 부조**①의 **자격이 주어지지**② 않는다.

Because she is in the country illegally, she's not entitled to public assistance.

1 public assistance [pʌ́blik əsístəns]
명 공적 부조 ▶ assistance : 도움, 지원, 원조

2 entitle [intáitl]
동 자격을 주다, 제목을 붙이다

주거 **보조비**①는 복지 제도에 있어서 필수적인 **요소**②이다.

Housing benefit is a vital element in the welfare system.

1 benefit [bénəfit]
명 혜택, 이득, 수당, 보조금

2 element [éləmənt]
명 요소, 성분

보충 어휘 ◗ recipient : 수령인, 수취인, 받는 사람
◗ welfare benefits : 복지 혜택, 복리 후생

(4) 노사 관계

> **경영진**[1]**과 노조**[2] **사이에서는 협력**[3]**이 필요하다.**

☞ Cooperation is needed between management and unions.

1 management [mǽnidʒmənt]
⟨명⟩ 경영진, 관리진, 경영

2 union [júːnjən]
⟨명⟩ 노조, 조합, 연방, 연합, 통합

3 cooperation [kouɑ̀pəréiʃən]
⟨명⟩ 협력, 합동, 협동

> 회사들은 **종업원**[1]**을 고용하고**[2] **해고함**[3]**에 의해 실업률에 영향은 준다.**

☞ Companies impact the unemployment rate by hiring and firing of employees.

1 employee [implɔ́ii:]
⟨명⟩ 종업원, 고용인

2 hire [haiər]
⟨동⟩ 고용하다, 빌리다

3 fire [faiər]
⟨동⟩ 해고하다

> 그 회사는 500명의 **상근**[1] 직원과 500명의 **임시**[2] 종업원을 줄일 것이다.

☞ The company will cut 500 full-time workers and another 500 temporary employees.

1 full-time [fultaim]
⟨형⟩ 풀타임의, 상근의

2 temporary [témpərèri]
⟨형⟩ 임시의, 일시적인

보충 어휘 ◑ a full-time job : 전시간 근무의 일, 상근직
◑ a part-time job : 시간제 일, 부업

고용주[1]들과 노동자들은 양측 다 **최저**[2] 임금 도입에 잘 **적응해**[3] 왔다.

Both employers and workers have adjusted well to the introduction of the minimum wage.

1 employer [implɔ́iər]
몡 고용주

2 minimum [mínəməm]
혱 최저의, 최소한의 몡 최저

3 adjust [ədʒʌ́st]
동 적응하다, 조절하다

대량[1] **해고**[2]가 산업계 전반에서 광**범위**[3]하게 일어나고 있다.

Mass layoffs are taking place in a wide range of industries.

1 mass [mæs]
혱 대량의, 대규모의 몡 덩어리, 무리

2 layoff [léiɔ̀f]
몡 해고 (기간), 일시 귀휴, 강제 휴업

3 range [reindʒ]
몡 범위, 다양성

노조는 **부당한**[1] 해고[2]에 대해 **청구**[3]를 제기했다[4].

The union has lodged a claim for unfair dismissal.

1 unfair [ʌnféər]
혱 부당한, 공정치 못한

2 dismissal [dismísəl]
몡 해고, 면직, 기각

3 claim [kleim]
몡 주장, 청구 동 주장[청구]하다

4 lodge [lɑdʒ]
동 제기하다 몡 오두막

보충 어휘 ◑ pay claim : 임금 인상 요구

파업①이나 **공장 폐쇄**②는 아마도 **노동**③ **분쟁**④의 가장 **뚜렷한**⑤ 증거일 것이다.

☞ Strikes and lockouts are probably the most visible evidence of labor disputes.

1 strike [straik]
   명 파업

2 lockout [lάkàut]
   명 사무실[공장] 폐쇄

3 labor [léibər]
   명 노동, 노동자

4 dispute [dispjúːt]
   명 분쟁, 논쟁 동 분쟁[논란]을 벌이다

5 visible [vízəbəl]
   형 눈에 보이는, 뚜렷한

대규모① **가두 행진**②과 **연좌 농성**③이 시작됐고, 체포도 점점 늘어났다.

☞ Massive marches and sit-ins began, and arrests piled up.

1 massive [mǽsiv]
   형 거대한, 대규모의

2 march [mɑːrtʃ]
   명 가두 행진[시위], 행군, 행진

3 sit-in [sitin]
   명 연좌 농성

단체① **교섭**② 합의가 다음 달에 **만료된다**③.

☞ The collective bargaining agreement expires next month.

1 collective [kəléktiv]
   형 집단의, 단체의

2 bargaining [bɑ́ːrgəniŋ]
   명 거래, 교섭

3 expire [ikspáiər]
   동 만료되다, 끝나다

낮은 **급여**[1]와 높은 **직원**[2] **이직률**[3] 사이에는 큰 **연관성**[4]이 있다.

There is a strong correlation between low pay and high rates of staff turnover.

1 pay [pei]
명 급료, 보수 동 지불하다

2 staff [stæf]
명 직원, 참모

3 turnover [tə́:rnòuvər]
명 이직률, 회전율, 매출량

4 correlation [kɔ̀:rəléiʃən]
명 연관성, 상관 관계

중요한 문제는 **봉급**[1]과 **초과 근무**[2] 수당이다.

The main issues are salaries and overtime pay.

1 salary [sǽləri]
명 봉급, 급료

2 overtime [óuvərtàim]
명 초과 근무, 잔업, 야근

출산 휴가[1]는 **특권**[2]이 아니라 기본적인 인간의 권리이다.

Maternity leave is a basic human right, not a privilege.

1 maternity leave [mətə́:rnəti liːv]
명 출산 휴가 ▶ maternity : 어머니인 상태, 임부인 상태 leave : 휴가

2 privilege [prívəlidʒ]
명 특권, 특전 동 특권[특전]을 주다

보충 어휘 ◑ a month's paid[unpaid] leave : 한 달간의 유급[무급] 휴가

chapter

06

education & religion

06 교육과 종교

> ## 교육®의 주된® 목적®은 마음®을 수련하는 것이다.

> The chief purpose of education is to train the mind.

1 education [èdʒukéiʃən]
명 교육, 훈육

2 chief [tʃiːf]
형 주요한, 주된, 최고의

3 purpose [pə́ːrpəs]
명 목적, 의도

4 mind [maind]
명 마음, 정신

보충 어휘 ❶ public education : 공교육, 학교 교육
❶ private education : 사교육

> ## 어떤 부모들은 아이®들을 사립학교에 **입학시키기**® 위해 많은 돈을 **희생시킨다**®.

> Some parents sacrifice a lot of money to enroll their kid into a private school.

1 kid [kid]
명 아이, 청소년, 새끼 염소

2 enroll [inróul]
동 명부에 올리다, 입학시키다

3 sacrifice [sǽkrəfàis]
동 희생하다, 바치다 명 희생, 제물을 바침

> ## 초등® 교육은 의무적이다®.

> Elementary education is compulsory.

1 elementary [èləméntəri]
형 초보의, 초급의, 기본적인

2 compulsory [kəmpʌ́lsəri]
형 강제적인, 의무적인

보충 어휘 ❶ elementary school : 초등학교

104

존은 14살로 버밍엄에 있는 **중등**^①학교에 **다니고**^② 있다.

John is 14 years old and attending a secondary school in Birmingham.

1 secondary [sékəndèri]
형 이차적인, 부차적인, 중등 학교의

2 attend [əténd]
동 참석하다, 다니다

보충 어휘 ◑ first year in high school : 고등학교 1학년

내 아들은 **대학**^① **입학**^② **시험**^③을 **준비하고**^④ 있다.

My son is preparing for the college entrance exam.

1 college [kɑ́lidʒ]
명 대학, 학부, 전문학교

2 entrance [éntrəns]
명 입회, 입학, 입사, 입구

3 exam [igzǽm]
명 시험

4 prepare [pripέər]
동 준비하다, 채비하다

보충 어휘 ◑ fail in the exam : 시험에 떨어지다

작년에 **대학**^① **신청**^② 수에 **의미 있는**^③ 증가가 있었다.

Last year, there was a significant increase in the number of university applications.

1 university [jùːnəvə́ːrsəti]
명 대학, 대학교

2 application [æ̀plikéiʃən]
명 지원, 신청, 적용

3 significant [signífikənt]
형 중요한, 의미 있는

보충 어휘 ◑ admission : 들어감, 가입, 입학, 입회

자택 학습①은 여행을 많이 하는 가족에게 특별히 **유익하다**②.

> Homeschooling is especially beneficial for those families who travel a lot.

1 homeschooling [hóumskù:liŋ]
명 홈 스쿨 교육, 자택 학습

2 beneficial [bènəfíʃəl]
형 유익한, 이로운

새 **교육과정**①이 **교과서**②에 **반영될**③ 것이다.

> The new curriculum will be reflected in textbooks.

1 curriculum [kəríkjələm]
명 교육과정

2 textbook [tékstbùk]
명 교과서

3 reflect [riflékt]
동 반영하다, 비추다, 반사하다

보충 어휘 ● a mandated curriculum : 법에 규정된 교육 과정

그는 비엔나 **미술**①**학교**②에서 **장학금**③을 얻는 데 **성공하지**④ 못했다.

> He didn't succeed to obtain a scholarship in the Vienna Academy of Fine Arts.

1 fine arts [fain ɑːrts]
명 미술

2 academy [əkædəmi]
명 학교, 학술원

3 scholarship [skɑ́:lərʃip]
명 장학금, 학문

4 succeed [səksíːd]
동 성공하다

보충 어휘 ● plastic arts : 조형 미술
● applied fine arts : 응용 미술, 공예

한국 학교에서는 1년에 2번의 **중간고사**❶와 2번의 **기말고사**❷가 있다.

☞ In Korean schools, there are two midterms and two finals in a year.

1 midterm [mídtə̀rm]
몡 중간고사 혱 중간의

2 final [fáinəl]
몡 기말 시험, 결승전 혱 마지막의

여학생들이 남학생들보다 **평균**❶ **성적**❷ 점수가 **조금**❸ 높았다.

☞ Women have slightly higher grade point averages than men.

1 average [ǽvəridʒ]
몡 평균, 보통

2 grade [greid]
몡 성적, 학점, 학년, 등급

3 slightly [sláitli]
뷔 약간, 조금

보충 어휘 ◑ make good[poor] grades : 성적이 좋다[나쁘다]

그 낡은 **기숙사**❶들은 21세기에 더 **어울리는**❷ **숙박 시설**❸로 **대체되고**❹ 있다.

☞ The old-style dormitories are being replaced by accommodation more suited to the 21st century.

1 dormitory [dɔ́:rmətɔ̀:ri]
몡 기숙사

2 suited [súːtid]
혱 어울리는, 적당한, 적합한

3 accommodation [əkὰmədéiʃən]
몡 거처, 숙소, 숙박 시설

4 replace [ripléis]
통 대신하다, 대체하다

107

우리는 학생들에게 안전한 **실험실**①과 책들이 많은 **도서관**②을 **제공해야**③ 한다.

☞ We must provide students with safe laboratories and well-stocked libraries.

1 laboratory [lǽbərətɔ̀:ri]
　명 실험실

2 library [láibrèri]
　명 도서관, 도서실

3 provide [prəváid]
　동 제공하다, 주다

보충 어휘　◑ infirmary : 양호실, 병원

유니폼을 입은① 소녀들이 **체육관**② **바닥**③에서 **대형**④을 이루고 서 있었다.

☞ The uniformed girls stood in formation on the gym floor.

1 uniformed [júːnəfɔ̀:rmd]
　형 유니폼[제복]을 입은

2 gym [dʒim]
　명 체육관(gymnasium)

3 floor [flɔːr]
　명 바닥, 층

4 formation [fɔːrméiʃən]
　명 대형, 형성

그 **운동장**①은 아이들을 더 즐겁게 하려고 **개조될**② 것이다.

☞ The playground will be revamped in an attempt to make children happier.

1 playground [pléigràund]
　명 운동장, 놀이터, 유원지

2 revamp [riːvǽmp]
　동 개조하다, 수리하다

규칙적인① 학교 출석②은 모든 학생③에게 중요하다.

☞ Regular school attendance is important for all pupils.

1 regular [régjələr]
휑 규칙적인, 정기적인

2 attendance [əténdəns]
몡 출석, 출근, 참석

3 pupil [pjúːpəl]
몡 (어린) 학생, 제자

승인받지 않은① 결석②은 그 어떤 것도 무단결석③이다.

☞ Unauthorized absence of any kind is truancy.

1 unauthorized [ʌnɔ́ːθəràizd]
휑 승인되지 않은, 공인되지 않은

2 absence [ǽbsəns]
몡 결석, 결근, 부재

3 truancy [trúːənsi]
몡 무단결석

보충 어휘 ◗ leave school during school hours : 학교를 조퇴하다

청소년①들은 성인②보다 더 갱생될③ 공산이 크다.

☞ Adolescents are more likely to be rehabilitated than adults.

1 adolescent [ædəlésənt]
몡 청소년

2 adult [ədʌ́lt]
몡 성인, 어른 휑 성인의

3 rehabilitate [rìːhəbílətèit]
동 재활[갱생] 치료를 하다, 사회 복귀를 돕다

보충 어휘 ◗ rehabilitation : 사회 복귀, 갱생, 복직

정학[1] 수가 10%로 떨어지는 동안 **퇴학**[2] 수는 6%로 떨어졌다.

> The number of expulsions fell 6 per cent, while suspensions dropped 10 per cent.

1 suspension [səspénʃən]
명 정직, 정학, 출장 정지, 연기

2 expulsion [ikspʌ́lʃən]
명 퇴학, 제명, 축출

졸업[1]**식**[2]은 **강당**[3]에서 열릴 것이다.

> The graduation ceremony will be held in the auditorium.

1 graduation [græ̀dʒuéiʃən]
명 졸업, 졸업식

2 ceremony [sérəmòuni]
명 식, 의식

3 auditorium [ɔ̀:ditɔ́:riəm]
명 강당, 객석

교장[1]이 **졸업장**[2]을 나눠주기 위해 연단에 올랐다.

> The principal came on stage to hand out diplomas.

1 principal [prínsəpəl]
명 교장, 학장, 총장 형 주요한

2 diploma [diplóumə]
명 졸업장, 수료증

나는 내 어머니의 **모교**[1]를 **졸업했다**[2].

> I graduated from my Mother's Alma Mater.

1 alma mater [ǽlmə mɑːtər]
명 모교

2 graduate [grǽdʒuèit]
동 졸업하다 명 (대학) 졸업자

보충 어휘 ◑ alumni : 졸업생들 · *alumni association* : 동창회

2 학문

심리학°, 과학°, 철학°은 서로 연결되어° 있다.

Psychology, science, and philosophy are interconnected.

1 psychology [saikɑ́lədʒi]
명 심리학, 심리

2 science [sɑ́iəns]
명 과학

3 philosophy [filɑ́səfi]
명 철학

4 interconnect [ìntərkənékt]
동 서로 연결하다[관련되다]

고고학°은 인류학°의 중요한 분야°이다.

Archaeology is an important field of anthropology.

1 archaeology [à:rkiɑ́lədʒi]
명 고고학

2 anthropology [æ̀nθərəpɑ́lədʒi]
명 인류학

3 field [fiːld]
명 분야, 들판, 지역, 현장

유전학°은 유전°에 초점을 맞춘° 생물학°의 한 분야°이다.

Genetics is the branch of biology that focuses on heredity.

1 genetics [dʒinétiks]
명 유전학

2 heredity [hirédəti]
명 유전

3 focus [fóukəs]
동 초점을 맞추다 명 초점, 주목

4 biology [baiɑ́lədʒi]
명 생물학

5 branch [bræntʃ]
명 가지, 분야, 지사, 분점

윤리¹와 도덕은 말하기에 **복잡한**² 주제이다.

☞ Ethics and Morality are complex subjects to talk about.

1 ethics [éθiks]
圐 윤리학, 윤리

2 complex [kəmpléks]
휑 복잡한 圐 복합 건물, 콤플렉스

아리스토텔레스는 알렉산더에게 **동물학**¹과 **식물학**²을 가르쳤다.

☞ Aristotle taught Alexander the subjects of zoology and botany.

1 zoology [zouɑ́lədʒi]
圐 동물학

2 botany [bɑ́təni]
圐 식물학

그는 **화학**¹ 분야의 **연구**²에 많은 **기여를 했다**³.

☞ He contributed to much of the research in the field of chemistry.

1 chemistry [kémistri]
圐 화학

2 research [risə́:rtʃ]
圐 연구, 조사 圐 연구하다, 조사하다

3 contribute [kəntríbju:t]
圐 기여하다, 기부[기증]하다

그는 MIT에서 **물리학**¹에 있어 **명성이 있는**² **교수**³다.

☞ He is a renowned professor of Physics at MIT.

1 physics [fíziks]
圐 물리학

2 renowned [rináund]
휑 유명한, 명성이 있는

3 professor [prəfésər]
圐 교수

이 **입문**❶ 코스는 너에게 **대수학**❷과 **기하학**❸에 필요한 **토대**❹를 줄 것이다.

☞ This introductory course will give you the necessary foundations of algebra and geometry.

1 introductory [ìntrədʌ́ktəri]
  휑 입문자들을 위한, 서두의

2 algebra [ǽldʒəbrə]
  몡 대수학

3 geometry [dʒi:ámətri]
  몡 기하학

4 foundation [faundéiʃən]
  몡 토대, 기반, 설립, 재단

사회학❶은 인간의 사회 **활동**❷에 대한 **과학적**❸ **연구**❹이다.

☞ Sociology is the scientific study of human social activity.

1 sociology [sòusiálədʒi]
  몡 사회학

2 activity [æktívəti]
  몡 활동

3 scientific [sàiəntífik]
  휑 과학적인, 과학의

4 study [stʌ́di]
  몡 공부, 연구, 학문

그의 **경제학**❶에 대한 **이론**❷들은 세계에 **엄청난**❸ 영향을 끼쳤다.

☞ His theories on economics have had immense effects on the world.

1 economics [ì:kənámiks]
  몡 경제학

2 theory [θí:əri]
  몡 이론, 학설

3 immense [iméns]
  휑 엄청난, 막대한

113

코페르니쿠스는 현대 **천문학**[1]의 **창시자**[2]로 여겨지고 있다.

Copernicus is considered the founder of modern astronomy.

1 astronomy [əstrɑ́nəmi]
명 천문학

2 founder [fáundər]
명 창립자, 설립자, 창시자

차드의 **지형**[1]은 대부분 **초원**[2]과 **목초지**[3]이다.

The geography of Chad is mostly pastures and meadows.

1 geography [ʤiːɑ́grəfi]
명 지리, 지형, 지리학

2 pasture [pǽstʃər]
명 초원, 목초지

3 meadow [médou]
명 목초지

스페인의 **역사**[1]는 **기념비적인**[2] 사건으로 가득 차 있다.

Spanish history is full of monumental events.

1 history [hístəri]
명 역사, 경력, 이력

2 monumental [mɑ̀njəméntl]
형 기념비적인, 엄청난

공학[1]은 영국의 **번영**[2]에 중대한 **기여**[3]를 했다.

Engineering is a major contributor to UK prosperity.

1 engineering [èndʒəníəriŋ]
명 공학

2 prosperity [prɑspérəti]
명 번영, 번창

3 contributor [kəntríbjətər]
명 기여자, 공헌자, 기고가

114

최근에^① 새로운 **기술**^②이 **전자공학**^③ 세계에 소개되었다.

Recently a new technology was introduced to the electronics world.

1 recently [rí:səntli]
부 최근에

2 technology [teknάlədʒi]
명 (과학) 기술

3 electronics [ilèktrάniks]
명 전자공학

생명 공학^①은 우리 삶의 질을 향상시킬 수 있는 아주 **상당한**^② **잠재력**^③을 가지고 있다.

Biotechnology has very considerable potential for improving the quality of our lives.

1 biotechnology [bàiouteknάlədʒi]
명 생명 공학

2 considerable [kənsídərəbəl]
형 상당한, 많은

3 potential [pouténʃəl]
명 잠재력, 가능성 형 잠재적인

신학^①에 대한 나의 **지식**^②의 대부분은 **기독교**^③에 **중심을 두고**^④ 있다.

Most of my knowledge of theology centers around Christianity.

1 theology [θi:άlədʒi]
명 신학

2 knowledge [nάlidʒ]
명 지식

3 Christianity [krìstiǽnəti]
명 기독교

4 center [séntər]
통 중심(점)에 있다 명 중심

그는 셰필드 대학의 법**학부**^① **학과장**^②이었다.

He was the dean of the faculty of law at the university of Sheffield.

1 faculty [fǽkəlti]
몡 학부, 교수단, 능력

2 dean [di:n]
몡 학과장, 주임 사제

[보충 어휘] ◑ university president : 대학 총장

나는 그의 **강의**^①에 **매료되었고**^② 아주 **감동을 받았다**^③.

I was fascinated and, indeed, impressed by his lecture.

1 lecture [léktʃər]
몡 강의, 강연 통 강의[강연]하다

2 fascinate [fǽsənèit]
통 매혹하다, 매료하다

3 impress [imprés]
통 감명[감동]을 주다, 깊은 인상을 주다

[보충 어휘] ◑ lecturer : 강사, 강연자   · part-time lecturer : 시간 강사

그는 나의 **스승**^①이자 아주 **친한**^② **친구**^③이다.

He was my mentor and intimate confidant.

1 mentor [méntər]
몡 조언자, 스승, 멘토

2 intimate [íntəmit]
혱 친밀한, 친한

3 confidant [kànfidǽnt]
몡 막역한 친구

내 아들이 **언어**[1]에 **재능**[2]이 있어서 나는 프랑스어 **가정교사**[3]를 고용했다.

My son has a talent for languages so I hired a tutor for French.

1 language [lǽŋgwidʒ]
명 언어, 말

2 talent [tǽlənt]
명 재주, 재능

3 tutor [tjúːtər]
명 가정교사, 강사, 지도 교수

그는 3년 전에 **은퇴해서**[1] 지금은 **명예**[2] 교수직을 맡고 있다.

He retired three years ago, so he is now an emeritus professor.

1 retire [ritáiər]
동 은퇴하다, 퇴직하다, 그만두다

2 emeritus [imérətəs]
형 명예직의

보충 어휘 ❶ associate professor : 부교수
❶ assistant professor : 조교수
❶ full-time professor : 전임 교수

그는 **3학년**[1]이었고 내가 가르친 학생들은 **1학년**[2]과 **2학년**[3]이었다.

He was a junior and my students that I taught were freshman and sophomore.

1 junior [dʒúːnjər]
명 (대학의) 3학년, 아랫사람

2 freshman [fréʃmən]
명 신입생, 1학년

3 sophomore [sáfəmɔ̀ːr]
명 2학년

그녀는 미네소타 대학으로 **전학 가서**[1] **4학년**[2] 학기를 시작하고 있다.

- She transferred to the University of Minnesota and is entering her senior year.

1 transfer [trænsfə́:r]
통 옮기다, 이동하다, 전근[전학] 가다

2 senior [síːnjər]
명 (대학의) 4학년, 손윗사람

그는 **학점**[1]을 따지 못해서 **낙제했다**[2].

- He got behind in his credits and flunked out.

1 credit [krédit]
명 신용 (거래), 학점

2 flunk [flʌŋk]
통 낙제하다, (시험에) 떨어지다

그녀는 한 **학기**[1] 동안 대학을 다닌 후 춤을 **추구하기**[2] 위해 학교를 **그만두었다**[3].

- She attended college for one semester and then dropped out to pursue dancing.

1 semester [siméstər]
명 학기

2 pursue [pərsúː]
통 추구하다, 뒤쫓다

3 drop [drɑp]
통 떨어지다, 그만두다 ▶ drop out : 빠지다, 중퇴하다

그는 영어를 **전공하고**[1] 정치학을 **부전공하고**[2] 있다.

- He is majoring in English and minoring in Political Science.

1 major [méidʒər]
통 전공하다 명 전공

2 minor [máinər]
통 부전공하다 명 부전공

수업료가 인상될 예정인 반면에 학비 **보조금**은 **동결될** 예정이다.

- Student grants are to be frozen, while tuition fees are to be increased.

1 tuition fee [tju:íʃən fi:]
명 수업료

2 grant [grænt]
명 보조금 동 승인하다

3 frozen [fróuzən]
형 냉동된, 얼어붙은

그는 **수학 학사 학위**와 교육학 **석사** 학위를 가지고 있다.

- He has a bachelor's degree in mathematics and a master's degree in education.

1 mathematics [mæ̀θəmǽtiks]
명 수학

2 bachelor [bǽtʃələr]
명 학사 (학위), 미혼남, 독신남

3 degree [digríː]
명 학위, (온도 · 각도의) 도

4 master [mǽstər]
명 석사 (학위)

보충 어휘 ◑ Phd : 박사 (학위) (=Doctor of Philosophy)

그 **대학**은 약 2,000명의 **대학생**과 1,200명의 **대학원생**이 있다.

- The campus has about 2,000 undergraduate and 1,200 graduate students.

1 campus [kǽmpəs]
명 교정, 대학

2 undergraduate [ʌ̀ndərgrǽdʒuit]
명 학부생, 대학생

3 graduate student [grǽdʒuèit stjúːdənt]
명 대학원생

> **영성**①은 항상 **종교**②와 **관련되어져**③ 왔다.

▸ Spirituality has been always related to religion.

1 spirituality [spìritʃuǽləti]
명 정신성, 영성

2 religion [rilídʒən]
명 종교

3 relate [riléit]
동 관련시키다, 결부시키다

> 거짓말은 내 **종교적인**① **믿음**②에 따르면 **죄악**③이다.

▸ Lying is a sin according to my religious beliefs.

1 religious [rilídʒəs]
형 종교의, 신앙심이 깊은

2 belief [bilíːf]
명 신념, 믿음

3 sin [sin]
명 죄, 죄악

> **미사**①는 **가톨릭교도**②들이 **예배 드리는**③ 종교적인 **의식**④
> 이다.

▸ Mass is a ritual that is worshiped by the Catholics.

1 mass [mæs]
명 미사

2 Catholic [kǽθəlik]
명 가톨릭교도 형 가톨릭교회의

3 worship [wə́ːrʃip]
동 예배하다, 숭배하다 명 예배, 숭배

4 ritual [rítʃuəl]
명 (종교적) 의식, 의례 형 의식의

보충 어휘 ❶ idol worship : 우상 숭배

예배당¹은 가톨릭교를 믿는 **독실한**² 신자들로 가득 찼다.

☞ The chapel is full of pious people who take their Catholic religion.

1 chapel [tʃǽpəl]
명 예배당, 예배실

2 pious [páiəs]
형 독실한, 경건한

그는 기독교로 **개종해서**¹ **선교사**²가 되었다.

☞ He converted to Christianity and became a missionary.

1 convert [kənvə́:rt]
동 전환시키다, 개종하다

2 missionary [míʃənèri]
명 선교사

그는 아일랜드에서 예수 그리스도의 **복음**¹을 **전했다**².

☞ He preached the gospel of Jesus Christ in Ireland.

1 gospel [gáspəl]
명 복음, 복음 성가

2 preach [pri:tʃ]
동 설교하다, 전하다

보충 어휘 ◐ a gospel preacher : 복음 전도자

유신론¹이 평화로 가는 **길**²은 아니지만 **무신론**³도 마찬가지이다.

☞ Theism is not the path to peace, but neither is atheism.

1 theism [θíːizəm]
명 유신론, 일신교

2 path [pæθ]
명 길

3 atheism [éiθiìzəm]
명 무신론

다신교⁰는 하나 이상의 신을 믿는 것이고 **일신교**②는 하나의 신을 믿는 것이다.

☞ Polytheism is the belief in more than one God, and monotheism is the belief in one God.

1 polytheism [pάliθìːizəm]
명 다신교, 다신론

2 monotheism [mάnəθìːizəm]
명 일신교, 일신론

그 나라는 종교적 **박해**⁰로부터 **도망친**② 기독교인들에 의해 **세워졌다**③.

☞ The nation was founded by Christians who were fleeing religious persecution.

1 persecution [pə̀ːrsikjúːʃən]
명 (종교적) 박해, 학대

2 flee [fliː]
동 달아나다, 도망하다

3 found [faund]
동 세우다, 설립하다

유대교⁰의 **율법**②처럼 **성경**③은 기독교의 **성서**④였다.

☞ Like the Torah from Judaism, the Bible was the Christianity's holy book.

1 Judaism [dʒúːdəizəm]
명 유대교

2 Torah [tɔ́ːrə]
명 율법

3 Bible [báibəl]
명 성서, 성경

4 holy book [hóuli buk]
명 성서, 성경 ▶ holy : 성스러운, 경건한

보충 어휘 ◑ the Old[New] Testament : 구약[신약] 성서

그녀의 음악적 **배경**①은 교회 복음 **성가대**② 활동에 **바탕을 두고**③ 있다.

☞ Her musical background is based around her church gospel choir.

1 background [bǽkgràund]
명 배경, 경력

2 choir [kwaiər]
명 합창단, 성가대

3 based [beist]
형 기반을 둔, 바탕으로 한

교황①은 60개 언어로 **순례자**②들에게 **부활절**③ 인사를 전했다.

☞ The Pope addressed an Easter greeting to pilgrims in some 60 languages.

1 pope [poup]
명 교황

2 pilgrim [pílgrim]
명 순례자, 성지 참배자

3 Easter [íːstər]
명 부활절

그 **대성당**①은 **중세**② 건물과 **유적**③으로 **둘러싸여**④ 있다.

☞ The cathedral stands surrounded by medieval buildings and ruins.

1 cathedral [kəθíːdrəl]
명 대성당

2 medieval [mìːdiíːvəl]
형 중세의

3 ruin [rúːin]
명 붕괴, 몰락, 파멸, 잔해, 유적

4 surround [səráund]
동 에워싸다, 둘러싸다

123

세례[●]는 우리가 **성령**[●]을 받는 **성례**[●]이다.

☞ Baptism is the sacrament in which we receive the Holy Spirit.

1 baptism [bǽptizəm]
圏 세례

2 Holy Spirit [hóuli spírit]
圏 성령

3 sacrament [sǽkrəmənt]
圏 성례

보충 어휘 ❶ the rite of baptism : 세례 의식

그녀는 **사후 세계**[●]에 대한 두려움 때문에 **세례를 받았다**[●].

☞ She has been christened out of fear of the afterlife.

1 afterlife [ǽftərlàif]
圏 내세, 사후 세계

2 christen [krísn]
圄 세례를 주다, 이름을 붙이다

보충 어휘 ❶ a previous life : 전생

전 보스턴 **대주교**[●]인 버나드 로 **추기경**[●]이 미사를 **주재했다**[●].

☞ Cardinal Bernard Law, the former archbishop of Boston, presided at Mass.

1 archbishop [ɑ̀ːrtʃbíʃəp]
圏 대주교

2 cardinal [kɑ́ːrdənl]
圏 추기경, 기수

3 preside [prizáid]
圄 주재하다, 주도하다

보충 어휘 ❶ preside at a ceremony : 식의 사회를 보다

훌륭한 **주교**①들이 훌륭한 **교구**② **신부**③들을 임명할 것이다.

☞ Good bishops will appoint good parish priests.

1 bishop [bíʃəp]
명 주교

2 parish [pǽriʃ]
명 교구

3 priest [priːst]
명 사제, 신부, 성직자

윌리엄 **목사**①는 그녀가 계속 **구원**②을 위해 **기도할**③ 수 있도록 **북돋아 주고**④ 있다.

☞ Pastor Williams encourages her to keep praying for redemption.

1 pastor [pǽstər]
명 목사

2 redemption [ridémpʃən]
명 구원, 구함, (주식) 상환

3 pray [prei]
동 기도하다, 간절히 바라다

4 encourage [inkə́ːridʒ]
동 용기를 돋우다, 격려하다

그녀의 할머니는 **수녀원**①에서 **수녀**②들에게 **수공예**③를 배웠다.

☞ Her grandmother learnt the craft from the nuns at the convent.

1 convent [kɑ́nvənt]
명 수녀원

2 nun [nʌn]
명 수녀

3 craft [kræft]
명 공예, 수공예, 기술

[보충 어휘] ◐ go into a convent : 수녀가 되다

새 **수도사**[1]가 **수도원**[2]에 도착했다.

A new monk arrived at the monastery.

1 monk [mʌŋk]
명 수도자, 수도승

2 monastery [mάnəstèri]
명 수도원

보충 어휘 ● friar : 수사 · *a mendicant friar* : 탁발 수도사

영국 국교회는 2007년에 522명의 새 **성직자들**[1]을 **임명했다**[2].

The Church of England ordained 522 new clergy in 2007.

1 clergy [klə́:rdʒi]
명 성직자들

2 ordain [ɔ:rdéin]
동 임명하다

보충 어휘 ● laity : 평신도, 일반 신자

그의 행동 때문에 모든 사람들이 그 **목사**[1]를 **존경하고**[2] 우러러 본다.

Due to his actions, all of the people respect and look up to the Reverend.

1 reverend [révərənd]
명 목사

2 respect [rispékt]
동 존경하다 명 존경

방콕은 **불교**[1] **사원**[2]들이 많은 곳으로 유명하다.

Bangkok is famous for its many Buddhist temples.

1 Buddhist [búːdist]
명 불교도

2 temple [témpəl]
명 신전, 사원, 사찰

환생◐은 **불교**◉도 믿을 뿐만 아니라 **힌두교**◉도 믿는다.

Not only did Buddhism believe in reincarnation, but Hinduism did also.

1 reincarnation [rìːinkɑːrnéiʃən]
명 환생

2 Buddhism [búːdizəm]
명 불교

3 Hinduism [hínduːìzəm]
명 힌두교

보충 어휘 ◑ Hindu : 힌두교 신자

이슬람교◐ 사람들은 **예언자**◉ 마호메트의 가르침을 따르고 있다.

Islamic people follow the teaching of the "prophet" Muhammad.

1 Islamic [islǽmik]
형 이슬람교의, 회교의

2 prophet [práfit]
명 선지자, 예언자

보충 어휘 ◑ Islam : 이슬람교, 이슬람 세계

그는 사무실 옆에 **기도**◐하는 방이 있는 **독실한**◉ **이슬람교도**◉ 이다.

He is a devout Muslim with a prayer room next to his office.

1 prayer [prɛər]
명 기도, 기도하는 사람

2 devout [diváut]
형 독실한, 경건한

3 Muslim [mʌ́zləm]
명 이슬람교도, 회교도

어떤 종교적인 **광신도**①들은 자기들 **신앙**②이라는 이름으로 살인을 한다.

Some religious fanatics kill in the name of their faith.

1 fanatic [fənǽtik]
명 광신도, 광적인 사람

2 faith [feiθ]
명 믿음, 신앙

chapter
07
culture & art

07 문화와 예술

마야인들은 그들의 풍부한 **문화**① 와 **지능**② 때문에 **놀라운**③ 문명④ 을 가졌다.

> The Mayans had an extraordinary civilization because of their rich culture and intellect.

1 culture [kʌ́ltʃər]
圐 문화, 재배

2 intellect [íntəlèk]
圐 지력, 지성, 지능

3 extraordinary [ikstrɔ́:rdənèri]
圀 놀라운, 보기 드문

4 civilization [sìvəlizéiʃən]
圐 문명, 문명 사회

페르시아 문화는 **아주**① **선진적**② 이고 **교양이 있었다**③.

> The persian culture was extremely advanced and educated.

1 extremely [ikstrí:mli]
圁 아주, 대단히, 극단적으로

2 advanced [ædvǽnst]
圀 선진의, 고급의

3 educated [édʒukèitid]
圀 많이 배운, 교양 있는

우리는 훌륭한 **풍경**① 과 아름다운 마을, 그리고 많은 **역사적인**② **유적지**③ 를 가지고 있다.

> We have wonderful landscape, beautiful towns and many historic sites.

1 landscape [lǽndskèip]
圐 풍경

2 historic [histɔ́:rik]
圀 역사적으로 중요한, 역사적인

3 site [sait]
圐 위치, 장소, 현장, 유적

문화¹ 유산²의 보호³가 그리스 국가 정책의 최우선 과제이다.

☞ The protection of cultural heritage is a high priority of Greek national policy.

1 cultural [kʌ́ltʃərəl]
[형] 문화의

2 heritage [héritidʒ]
[명] 유산

3 protection [prətékʃən]
[명] 보호

보존¹의 가장 우선적인 목적²은 문화재³의 존재⁴를 연장시키는⁵ 것이다.

☞ The primary goal of preservation is to prolong the existence of cultural property.

1 preservation [prèzərvéiʃən]
[명] 보존, 보호, 유지

2 goal [goul]
[명] 목적, 목표, 골

3 property [prápərti]
[명] 재산, 자산 ▶ cultural property : 문화재

4 existence [igzístəns]
[명] 존재, 실재

5 prolong [proulɔ́:ŋ]
[동] 늘이다, 연장하다

[보충 어휘] ❶ intangible[tangible] cultural properties : 무형[유형] 문화재

내 아내는 골동품¹ 가게에서 도자기² 한 점을 샀다.

☞ My wife bought a piece of pottery from an antique shop.

1 antique [æntí:k]
[명] 골동품 [형] 골동품인

2 pottery [pátəri]
[명] 도자기, 도예

신화[1]는 모든 **고대**[2]인들의 삶의 **필수적인**[3] 부분이었다.

Mythology was an integral part of the lives of all ancient peoples.

1 mythology [miθάlədʒi]
　명 신화

2 ancient [éinʃənt]
　형 고대의

3 integral [íntigrəl]
　형 필수적인, 필요불가결한

보충 어휘 ◑ Greek mythology : 그리스 신화

그 **전설**[1]은 **말로**[2] 전해져서 수많은 세월 동안 전해 내려왔다.

The legend itself was told verbally and passed on for many years.

1 legend [lédʒənd]
　명 전설, 설화

2 verbally [vɔ́:rbəli]
　부 말로, 구두로

보충 어휘 ◑ the legend of King Arthur : 아서 왕의 전설

로마의 콜로세움은 **제국**[1]의 기념비적인 **유물**[2]로 오늘날까지 **존재하고**[3] 있다.

The Roman Colosseum exists today as a monumental relic of an Empire.

1 empire [émpaiər]
　명 제국

2 relic [rélik]
　명 유적, 유물

3 exist [igzíst]
　동 존재하다, 실재하다

보충 어휘 ◑ ancient relics : 고대의 유물

132

그리스인들은 로마의 **건축 양식**^①에 **영향을 주었다**^②.

☞ Greeks influenced Rome's architecture.

1 architecture [ɑ́ːrkətèktʃər]
몡 건축학, 건축 양식

2 influence [ínfluːəns]
통 영향을 주다 몡 영향

`보충 어휘` ❶ Victorian architecture : 빅토리아 시대 건축 양식

언덕 위에는 **청동기**^① 시대에 흙으로 **매장**^②한 **흙무덤**^③이 있다.

☞ There is a bronze age burial mound on the hill.

1 bronze [brɑnz]
몡 청동, 청동 제품

2 burial [bériəl]
몡 매장, 장례식

3 mound [maund]
몡 흙무더기, 흙무덤, 더미

`보충 어휘` ❶ the New Stone Age : 신석기 시대
❶ the Iron Age : 철기 시대

돌기구^①들, 동물 **뼈**^②들 그리고 다른 **인공 유물**^③들이 그 마을에서 모습을 **드러냈다**^④.

☞ Stone tools, animal bones and other artifacts were uncovered in the village.

1 tool [tuːl]
몡 도구, 연장

2 bone [boun]
몡 뼈

3 artifact [ɑ́ːrtəfæ̀k]
몡 인공물, 공예품, 인공 유물

4 uncover [ʌnkʌ́vər]
통 드러내다, 알아내다, 덮개를 벗기다

`보충 어휘` ❶ treasure : 보물

> 타지마할은 **궁전**①이 아니라 큰 **무덤**②이었다.

🔊 The Taj Mahal is not a palace, it's was a large tomb.

1 palace [pǽlis]
명 궁전, 왕궁

2 tomb [tuːm]
명 무덤, 묘

(보충 어휘) ◑ ancient tomb mural : 고분 벽화

> 그들은 **묘지**① 근처에서 고대의 돌 **기념비**②를 발견했다.

🔊 In a nearby cemetery they discovered an ancient stone monument.

1 cemetery [sémətèri]
명 묘지

2 monument [mɑ́njəmənt]
명 기념물, 기념비

2 관광

관광업⁰은 이집트의 가장 큰 **외화**⁰ **소득원**⁰이다.

Tourism is Egypt's biggest foreign exchange earner.

1 tourism [túərizəm]
명 관광업

2 foreign exchange [fɔ́:rən ikstʃéindʒ]
명 외화, 외국환 거래소

3 earner [ə́:rnər]
명 소득원, 소득자

뉴질랜드는 유명한 **관광**⁰ **목적지**⁰들 중의 하나이다.

New Zealand is one of the famous destinations for sightseeing.

1 sightseeing [sáitsì:iŋ]
명 관광, 구경

2 destination [dèstənéiʃən]
명 목적지, 도착지

그 **해안**⁰은 웨일즈에서 가장 큰 **관광 명소**⁰이다.

The coast is a great tourist attraction in Wales.

1 coast [koust]
명 연안, 해안

2 tourist attraction [túərist ətrǽkʃən]
명 관광 명소 ▶ attraction : 끌림, 매력, 명소

우리의 **여행 일정**⁰은 다양했고⁰ 아주 **용의주도했다**⁰.

Our itinerary was varied and well thought-out.

1 itinerary [aitínərèri]
명 여행 일정표

2 varied [vέərid]
형 다양한, 가지각색의

3 thought-out [θɔːtaut]
형 깊이 생각한, 용의주도한

135

그 풍경①은 아주 아름다워서② 정말 말로 표현할 수 없는③ 느낌④이다.

The scenery is magnificent and the sensations are truly indescribable.

1 scenery [síːnəri]
명 풍경, 경치, (무대의) 배경

2 magnificent [mægnífəsənt]
형 아주 아름다운, 감명 깊은

3 indescribable [ìndiskráibəbəl]
형 말로 다 할 수 없는

4 sensation [senséiʃən]
명 느낌, 기분, 감각

그 마을은 **경치의**①의 미②와 아름다운 **항구**③와 **정박지**④로 유명하다.

The town is known for its scenic beauty, and beautiful harbour and marina.

1 scenic [síːnik]
형 경치가 좋은, 무대의, 배경의

2 beauty [bjúːti]
명 아름다움, 미

3 harbor [háːrbər]
명 항구, 피난처

4 marina [məríːnə]
명 정박지

그는 그 **이국적인**① 분위기에② 완전히③ 빠져 있었다④.

He was completely absorbed in the exotic atmosphere.

1 exotic [igzátik]
형 외국의, 이국적인

2 atmosphere [ǽtməsfiər]
명 대기, 분위기

3 completely [kəmplíːtli]
부 완전히, 전적으로

4 absorb [æbsɔ́ːrb]
동 흡수하다, 빠지게 만들다

136

입장료①**는 무료**②지만 공간이 **제한되어**③ 있으므로 **예약**④은 **필요하다**⑤.

Admission is free, but a reservation is required since space is limited.

1 admission [ədmíʃən]
명 들어감, 입장, 입장료, 시인

2 free [fri:]
형 자유로운, 무료의

3 limit [límit]
동 제한하다, 한정하다 명 제한

4 reservation [rèzəːrvéiʃən]
명 예약

5 require [rikwáiər]
동 필요하다, 요구하다

긴 **여행**①에서 돌아올 때 **기념품**②을 가져오는 것은 우리의 **풍습**③이다.

It is our custom to bring souvenirs back from a long trip.

1 trip [trip]
명 여행

2 souvenir [sùːvəníər]
명 기념품, 선물

3 custom [kʌ́stəm]
명 관습, 풍습, 관세

137

영화[●]가 끝나자 극장[●]에 있는 모든 사람이 박수를 쳤다[●].

☞ When the movie ended, everyone in the theater clapped.

1 movie [múːvi]
　명 영화

2 theater [θíːətər]
　명 극장, 관객, 연극

3 clap [klæp]
　통 박수를[손뼉을] 치다　명 박수, 손뼉

이 영화는 아주 저예산 공포[●] 영화[●]지만 꽤[●] 볼 만하다[●].

☞ This is a very low budget horror film, but it's quite watchable.

1 horror [hɔ́ːrər]
　명 공포, 전율

2 film [film]
　명 영화, 필름

3 quite [kwait]
　부 꽤, 상당히, 아주

4 watchable [wɑtʃəbl]
　형 볼 만한, 보기에 재미있는

보충 어휘 ● action film : 액션 영화
　　　　● science fiction film : 공상 과학 영화

골든 하베스트는 영화 제작[●], 배급[●] 그리고 전시[●]를 하는 회사이다.

☞ Golden Harvest is a film production, distribution and exhibition company.

1 production [prədʌ́kʃən]
　명 생산, 제작

2 distribution [dìstrəbjúːʃən]
　명 분배, 배포, 배급

3 exhibition [èksəbíʃən]
　명 전시, 전시회

그 영화는 최우수 **남우**❶, **여우**❷, **감독**❸, 그리고 **영화 대본**❹에 **지명되었다**❺.

☞ The film was nominated for best actor, actress, director and screenplay.

1 actor [ǽktər]
図 배우, 남우

2 actress [ǽktris]
図 여자 배우

3 director [diréktər]
図 감독, 연출자

4 screenplay [skríːnplèi]
図 영화 대본, 시나리오

5 nominate [nάmənèit]
图 지명하다, 추천하다

[보충 어휘] ❶ a leading actor[actress] : 주연 남자[여자] 배우
❶ a supporting actor[actress] : 조연 남자[여자] 배우

그는 많은 **장편 영화**❶와 TV 프로그램에 **주연을 했다**❷.

☞ He has starred in many feature films and television shows.

1 feature film [fíːtʃər film]
図 장편 극영화

2 star [stɑːr]
图 주연[주역]을 맡다

그는 원래 **주연**❶으로 캐스팅되었지만❷ 바로 그 프로젝트에서 빠졌다.

☞ He was originally cast in the lead role but has just pulled out of the project.

1 lead role [liːd roul]
図 주연

2 cast [kæst]
图 캐스팅을 하다 図 출연자들, 배역진

[보충 어휘] ❶ supporting role : 조연
❶ stand-in : 대역, 대리인

139

그 영화는 런던, 대만, 오스트리아의 **야외 촬영지**^①에서 **촬영되었다**^②.

☞ The film was shot on location in London, Thailand and Austria.

1 location [loukéiʃən]
몡 장소, 위치, 야외 촬영지

2 shoot [ʃuːt]
동 촬영하다, 쏘다

이번 주말에 **영화팬**^①들은 아담 샌들러의 **최신작**^②을 보기 위해 **복합상영관**^③으로 **몰려갔다**^④.

☞ Moviegoers flocked to the multiplexes this weekend to see Adam Sandler's latest.

1 moviegoer [múːvigòuər]
몡 영화 팬, 영화 구경을 자주 가는 사람

2 latest [léitist]
몡 최신의 것 혱 최근의, 최신의

3 multiplex [mʌ́ltiplèks]
몡 복합 상영관

4 flock [flɑk]
동 떼 지어 가다 몡 떼, 무리

그 영화는 **국내**^① 극장 **매표소**^②에서 3억 달러를 **긁어 들였다**^③.

☞ The film raked in $300 million domestically at the box office.

1 domestically [douméstikəli]
분 가정적으로, 국내에서

2 box office [bɑ́ks ɔ̀ːfis]
몡 매표소

3 rake [reik]
동 갈퀴로 긁다, 긁어 모으다 몡 갈퀴

보충 어휘 ◑ box-office : 인기를 끄는, 흥행에 성공한 그 영화의 **시작 부분**[1]**은 관객**[2]**의 눈길을 사로잡는다**[3].

☞ The opening of the film is very eye-catching to the viewer.

1 opening [óupəniŋ]
> 몡 시작 부분, 구멍, 개막식, 개통식

2 viewer [vjúːər]
> 몡 시청자, 관객, 보는 사람

3 eye-catching [aikǽtʃiŋ]
> 혱 눈길을 끄는

그 영화의 또 다른 **시사회**[1] **상영**[2]이 화요일에 **예정되어**[3] 있다.

☞ Another preview screening of the film is scheduled for Tuesday.

1 preview [príːvjùː]
> 몡 시사회, 시사평

2 screening [skríːniŋ]
> 몡 상영, 방영, 검사

3 schedule [skédʒuːl]
> 동 일정을 잡다, 예정하다 몡 일정, 스케줄

슈렉은 내가 **좋아하는**[1] **만화**[2] 영화였고 슈렉 2는 **더 나은**[3] **속편**[4]이다.

☞ Shrek was my favorite animated film and Shrek 2 is a superior sequel.

1 favorite [féivərit]
> 혱 좋아하는 몡 좋아하는 사람[물건]

2 animated [ǽnəmèitid]
> 혱 동영상으로 된, 만화 영화로 된, 활기찬

3 superior [səpíəriər]
> 혱 더 우수한, 상관의 몡 윗사람, 상급자

4 sequel [síːkwəl]
> 몡 속편

보충 어휘 ❶ cartoon : 만화, 만화 영화
　　　　 ❶ animation : 만화 영화, 동영상, 생기, 활기

그 코미디 영화는 2007 액션 **초대작**[1] 영화 300을 **패러디한 것**[2] 이다.

> The comedy is a spoof of the 2007 action blockbuster movie 300.

1 blockbuster [bláckbλstər]
　명 초(超)대작, 블록버스터

2 spoof [spu:f]
　명 패러디한 것　동 패러디하다

요즘에는 영화 **평론가**[1]들이 영화에 대해 좀 **냉혹한**[2] 경향이 **있다**[3].

> Movie critics tend to be a little too harsh on movies these days.

1 critic [krítik]
　명 비평가, 평론가

2 harsh [ha:rʃ]
　형 가혹한, 냉혹한

3 tend [tend]
　동 경향이 있다, 돌보다

그는 아카데미**상**[1]을 두 번 수상했고 8번 **후보**[2]에 올랐다.

> He was a two-time Academy Award winner and eight-time nominee.

1 award [əwɔ́:rd]
　명 상, 수여　동 수여하다

2 nominee [nɑ̀məní:]
　명 지명[추천]된 사람, 후보

4 공연, 전시회, 기타

콘서트 로 가는 길은 흥분 과 기대 로 가득 찼다.

The ride to the concert was full of excitement and anticipation.

1 concert [kánsərt]
몡 연주회, 음악회

2 excitement [iksáitmənt]
몡 흥분, 신남

3 anticipation [æntìsəpéiʃən]
몡 기대, 고대, 예상

일반적으로 위대한 음악 작품 들은 규모가 큰 심포니 오케스트라 를 위한 것이다.

Generally, the greatest compositions are for the larger symphony orchestra.

1 composition [kàmpəzíʃən]
몡 (음악, 미술 등의) 작품, 작곡, 구성

2 symphony [símfəni]
몡 교향곡, 심포니

3 orchestra [ɔ́:rkəstrə]
몡 관현악단, 오케스트라

그는 작곡가 이고 오케스트라 지휘자 이며 음악 선생님이다.

He is a composer, orchestra conductor and music teacher.

1 composer [kəmpóuzər]
몡 작곡가

2 conductor [kəndʌ́ktər]
몡 지휘자, 안내원

보충 어휘 ◐ a guest conductor : 객원 지휘자

대부분의 **음악가**①들은 하나 이상의 **악기**②를 능란하게 다루는③ 연주자들이다.

> Most musicians are accomplished players of more than one instrument.

1 musician [mjuːzíʃən]
명 음악가, 뮤지션

2 instrument [ínstrəmənt]
명 기구, 악기

3 accomplished [əkámpliʃt]
형 능란한, 기량이 뛰어난

보충 어휘 ◗ wind instrument : 관악기　◗ string instrument : 현악기

그는 사람들의 **요청**①에 **즉석에서**② 피아노 **연주**③를 했다.

> He gave an impromptu piano performance at people's request.

1 request [rikwést]
명 요청, 신청, 요구

2 impromptu [imprámptjuː]
형 즉흥적으로 한, 즉석에서 한

3 performance [pərfɔ́ːrməns]
명 공연, 연기, 연주, 수행, 실적

지휘자들이 **연주 목록**①의 **폭**②과 **깊이**③를 완전히 **익히는**④ 데 수년이 걸린다.

> It takes years for conductors to master the breadth and depth of the repertoire.

1 repertoire [répərtwàːr]
명 연주 곡목[목록], 레퍼토리

2 breadth [bredə]
명 폭, 넓이

3 depth [depə]
명 깊이, 심도

4 master [mǽstər]
동 완전히 익히다 명 주인, 달인

144

청중[1]들이 **박수 갈채**[2]를 **터뜨리고**[3] 나서 **기립 박수**[4]를 보내고 있다.

The audience bursts into applause, then delivers a standing ovation.

1 audience [ɔ́ːdiəns]
명 청중, 관객

2 applause [əplɔ́ːz]
명 박수 갈채, 칭찬

3 burst [bəːrst]
동 터지다, 파열하다, 터뜨리다

4 standing ovation [stǽndiŋ ouvéiʃən]
명 기립 박수 ▶ ovation : (열렬한) 박수

그 작품은 **영구적**[1]으로 **전시**[2]되는 것이 아니어서 전시회는 3월 1일에 끝났다.

The work is not on permanent display and the exhibition ended on March 1st.

1 permanent [pɔ́ːrmənənt]
형 영구적인, 영속적인

2 display [displéi]
명 전시, 진열 동 전시[진열]하다

보충 어휘 **◑** display table : 진열대

그의 작품은 전 세계 **화랑**[1]과 **박물관**[2]에 **전시되어**[3] 왔다.

His work has been exhibited in galleries and museums all over the world.

1 gallery [gǽləri]
명 화랑, 미술관

2 museum [mjuːzíːəm]
명 박물관, 미술관

3 exhibit [igzíbit]
동 전시하다 명 전시품

그 전시회는 **대리석**[1]과 청동으로 된 **조각품들**[2]과 **그림들**[3]로 **국한되었다**[4].

> The exhibition was confined to painting and sculptures in marble and bronze.

1 marble [máːrbəl]
명 대리석

2 sculpture [skʌ́lptʃər]
명 조각품, 조각

3 painting [péintiŋ]
명 그림, 회화, 채색

4 confine [kənfáin]
동 국한시키다

보충 어휘 ◑ masterpiece : 걸작, 명작

이 그림의 구성은 **현실적인**[1] 느낌과 **추상적인**[2] 느낌 두 가지를 **함축하고**[3] 있다.

> The composition of this painting connotes both a realistic and an abstract feeling.

1 realistic [rìːəlístik]
형 현실주의의, 사실주의의

2 abstract [æbstrǽkt]
형 추상적인, 관념적인

3 connote [kənóut]
동 함축하다

그 **조각상**[1]은 18세기 중엽에 **조각된**[2] 것으로 **추정된다**[3].

> The statue is estimated to have been carved during the middle of the 18th century.

1 statue [stǽtʃuː]
명 조각상

2 carve [kɑːrv]
동 새기다, 조각하다

3 estimate [éstəmèit]
동 추정하다 명 추정, 추산

146

chapter
08

press & publication

그는 **일간**[1] **신문**[2] **기자**[3]로 그의 **경력**[4]을 시작했다.

He began his career as a daily newspaper reporter.

1 daily [déili]
형 매일의, 일상의 명 일간지

2 newspaper [njúːzpèipər]
명 신문, 신문지

3 reporter [ripɔ́ːrtər]
명 기자, 리포터

4 career [kəríər]
명 경력, 이력, 생애

신문[1]은 보통 **구독료**[2]라는 방법으로 **독자**[3]들에게 팔린다.

The journal is sold to readers, usually by means of a subscription.

1 journal [dʒə́ːrnəl]
명 신문, 잡지, 저널, 학술지

2 subscription [səbskrípʃən]
명 구독료, 구독, 기부금, 모금

3 reader [ríːdər]
명 독자, 독서가

보충 어휘 ◑ the Wall Street Journal : 월스트리트 저널

그녀는 **판매 부수**[1]가 150만 부인 **타블로이드 신문**[2]과 **인터뷰**[3]하는 것에 **동의했다**[4].

She agreed to the interview with the tabloid, which has a circulation of 1.5 million.

1 circulation [sə̀ːrkjəléiʃən]
명 순환, 유통, 판매 부수

2 tabloid [tǽblɔid]
명 타블로이드 신문, 타블로이드판

3 interview [íntərvjùː]
명 면접, 인터뷰

4 agree [əgríː]
통 동의하다, 의견이 일치하다, 승낙하다

그 **잡지**①가 여름 **가판대**②를 뜨겁게 **달구고**③ 있다.

☞ The magazine is heating up the summer newsstands.

1 magazine [mǽgəzíːn]
명 잡지

2 newsstand [njúːzstænd]
명 신문[잡지] 판매점, 가판대

3 heat [hiːt]
동 뜨겁게 만들다 명 열, 더위

보충 어휘 ❶ a monthly magazine : 월간 잡지

그녀는 파트타임 **기자**①와 **카피라이터**②로 일했다.

☞ She worked as a part time journalist and copywriter.

1 journalist [dʒə́ːrnəlist]
명 저널리스트, 기자

2 copywriter [kɑ́piràitər]
명 광고 문안 작성자, 카피라이터

보충 어휘 ❶ a free-lance journalist : 프리랜스(자유 계약) 신문 기자

중국에서 **특파원**①으로 산다는 것은 종종 **혼란스럽지만**② 절대 **따분하지는**③ 않다.

☞ Life as a correspondent in China is often confusing but never dull.

1 correspondent [kɔ̀ːrəspándənt]
명 기자, 통신원, 특파원

2 confusing [kənfjúːziŋ]
형 혼란스러운, 당황케 하는

3 dull [dʌl]
형 따분한, 재미 없는, 무딘, 둔한

보충 어휘 ❶ a foreign correspondent : 해외 통신원

익명의[1] **소식통**[2]들이 주지사에 대해 **추잡한**[3] 말들을 퍼뜨렸다[4].

> Anonymous sources have spread nasty stories about the governor.

1 anonymous [ənɑ́nəməs]
  형 익명의, 익명으로 된

2 source [sɔːrs]
  명 원천, 근원, 정보원, 소식통

3 nasty [nǽsti]
  형 끔찍한, 형편없는, 못된, 추잡한

4 spread [spred]
  통 펼치다, 퍼지다, 퍼뜨리다

보충 어휘 ◑ news source : 뉴스의 출처

우리가 기대하는 것은 뉴스 **보도**[1]의 **공명정대함**[2] 이다.

> What we are looking for is impartiality in the news coverage.

1 coverage [kʌ́vəridʒ]
  명 보도, 방송, 범위

2 impartiality [impɑ̀ːrʃiǽləti]
  명 공명정대, 공평함

보충 어휘 ◑ exclusive coverage : 독점 취재

그 **기사**[1]는 위원회의 인터뷰에서 나온 **기록**[2]을 **인용하고**[3] 있다.

> The article quotes transcripts taken from the committee's interviews.

1 article [ɑ́ːrtikl]
  명 기사, 글, 조항

2 transcript [trǽnskript]
  명 글로 옮긴 기록, 사본

3 quote [kwout]
  통 인용하다, 따다 쓰다

타임지는 그 기사를 **1면**^❶ **머리기사**^❷로 **보도했다**^❸.

☞ The Times newspaper reported it as its front page lead story.

1 front page [fr´ʌnt pèidʒ]
명 (신문의) 제1면

2 lead story [líːd stɔ̀ːri]
명 머리기사, 톱뉴스

3 report [ripɔ́ːrt]
동 알리다, 보도하다 명 보도, 보고서

보충 어휘 ◑ cover story : 표지 기사

이 **칼럼**^❶들은 어떤 **편집적인**^❷ **간섭**^❸ 없이 게재되어 왔다.

☞ These columns have been printed without any editorial interference.

1 column [kάləm]
명 칼럼, 세로단, 기둥

2 editorial [èdətɔ́ːriəl]
형 편집의, 사설의 명 사설, 논설

3 interference [ìntərfíərəns]
명 방해, 간섭, 개입

보충 어휘 ◑ a three-column article : 삼단에 걸친 기사

그녀는 예술과 **책란**^❶의 **편집자**^❷이다.

☞ She is the editor of the Arts and Books section.

1 section [sékʃən]
명 (신문의) 난, 부분, 부문

2 editor [édətər]
명 편집자, 편집장, 편저자

보충 어휘 ◑ sports section : 스포츠란

그 보도는 **믿을 만했고**[1] 사실 그 이상으로 **진짜**[2] **특종**[3]이었다.

The reporting was sound - in fact more than that, it was a genuine scoop.

1 sound [saund]
뷀 견실한, 믿을 만한, 건전한

2 genuine [ʤénjuin]
뷀 진짜의, 진실한

3 scoop [sku:p]
뗑 숟갈, 특종, 최신 정보

(보충 어휘) ◑ feature : (신문, 텔레비전 등의) 특집 기사, 특집 방송

그는 보도기사가 아니라 **논평**[1]을 쓰는 것이므로 **선입견이 있을**[2] 수 있다.

He is writing a commentary, not a news story, so he can be biased.

1 commentary [kάməntèri]
뗑 논평, 비평, 주석서, 실황 방송

2 biased [báiəst]
뷀 편향된, 선입견이 있는

(보충 어휘) ◑ news commentary : 뉴스 해설

그 **논설위원**[1]은 **객관성**[2]과 **공정성**[3]의 **전형**[4]이다.

The editorialist is the exemplar of objectivity and fairness.

1 editorialist [èdətɔ́:riəlist]
뗑 논설위원

2 objectivity [ὰbdʒiktívəti]
뗑 객관성, 객관적 타당성

3 fairness [féərnis]
뗑 공평함, 공정성

4 exemplar [igzémplər]
뗑 모범, 본보기, 전형

나는 **호도하는**[1] 표제[2]와 **엉성한**[3] 보도에 신물이 난다.

☞ I am fed up with misleading headlines and sloppy reporting.

1 misleading [mislíːdiŋ]
휑 오해의 소지가 있는, 호도하는

2 headline [hédlàin]
명 (신문 기사의) 표제, 주요 뉴스들

3 sloppy [slάpi]
휑 엉성한, 질펀한

그 기사는 신문의 **초판**[1] 마감 시간[2] 전에 온라인에 **나타났다**[3].

☞ The story appeared online before the first edition deadline of the paper.

1 edition [idíʃən]
명 (책이나 출간 횟수의) 판, 호

2 deadline [dédlàin]
명 기한, 마감 시간

3 appear [əpíər]
통 나타나다, 보이다

그의 연설은 **국영**⁰ 텔레비전에서 **생방송으로**② 방송되었다③.

His speech was broadcast live on state-run television.

1 state-run [stéitrʌn]
형 국영의

2 live [laiv]
부 생방송으로 형 살아 있는

3 broadcast [brɔ́ːdkæ̀st]
동 방송하다, 방영하다

보충 어휘 ● commercial broadcast : 민영 방송

그 라디오 **진행자**⁰는 **방송**② 중에 불쾌한 말을 해서 **비난을 받았다**③.

The radio presenter has been criticized for offensive comments on the air.

1 presenter [prizéntər]
명 진행자, 사회자, 발표자

2 air [ɛər]
명 방송 동 방송하다

3 criticize [krítisàiz]
동 비판하다, 비난하다

그 경기는 **위성**⁰을 **통해**② 전 세계에 **방송되었다**③.

The game was televised around the world via satellite.

1 satellite [sǽtəlàit]
명 위성, 인공위성

2 via [váiə]
전 ~경유로, ~을 거쳐

3 televise [téləvaiz]
동 텔레비전으로 방송하다

> 그 쇼는 **미리 녹화되어**[1] **편집되고**[2] 프로듀서의 승인을 받았다.

The show was prerecorded then edited, and approved by the producer.

1 prerecord [prìːrikɔ́ːrd]
통 미리 녹음[녹화]하다

2 edit [édit]
통 편집을 하다

보충 어휘 ◐ videotaped program : 녹화 방송
◐ relay broadcast : 중계 방송

> 중국은 TV의 저녁 **황금 시간대**[1] 에 외국 **만화영화**[2] 를 **금지시켜**[3] 왔다.

China has banned foreign cartoons from prime time evening television.

1 prime time [práim tàim]
명 (텔레비전, 라디오의) 황금 시간대

2 cartoon [kɑːrtúːn]
명 만화, 만화 영화

3 ban [bæn]
통 금지하다 명 금지

보충 어휘 ◐ family hour : 가족 시청 시간(대)

> 네트워크 뉴스 **앵커**[1] 들은 보통 **논란**[2] 이 될 만한 것을 피한다.

The network news anchors usually stay away from controversy.

1 anchor [ǽŋkər]
명 닻, 앵커

2 controversy [kɑ́ntrəvə̀ːrsi]
명 논란, 논쟁

보충 어휘 ◐ anchorman[anchorwoman] : 남성 앵커[여성 앵커]

저녁 **뉴스 프로**^①는 방송사의 **주력 상품**^②이다.

☞ The evening newscast is a network's flagship.

1 newscast [njúːzkæst]
명 뉴스 프로

2 flagship [flǽgʃip]
명 주력[대표] 상품, (함대의) 기함

보충 어휘 ◐ newscaster : 뉴스 프로 진행자

그는 케이블 뉴스 **해설자**^①로 전국적인 **명성**^②을 떨쳤다.

☞ He rose to national prominence as a cable news commentator.

1 commentator [káməntèitər]
명 해설자, 실황 방송 아나운서

2 prominence [prámənəns]
명 중요성, 명성

그 **다큐멘터리**^①는 아주 **유익하고**^② **교육적**^③이었다.

☞ The documentary was very informative and educational.

1 documentary [dàkjəméntəri]
명 기록영화, 다큐멘터리

2 informative [infɔ́ːrmətiv]
형 유익한, 유용한 정보를 주는

3 educational [èdʒukéiʃənəl]
형 교육적인, 교육의

매일 밤 그녀는 **연속극**^① **대본**^②을 쓰느라 늦게까지 자지 않는다.

☞ Every night she stays up late writing the script for soap operas.

1 soap opera [sóup ápərə]
명 연속극, 드라마

2 script [skript]
명 대본, 원고, 문자, 글씨

보충 어휘 ◐ continuity : 콘티(촬영용 대본), 지속성, 연속성

> 방송 광고 시간[1]에 참가자[2]들은 청중에게 춤추면서 손을 흔들었다.

☞ Contestant danced and waved to the audience during commercial breaks.

1 commercial break [kəmə́:rʃəl breik]

명 방송 광고 시간 ▶ commercial : 상업의, 상업적인 break : 휴식 (시간), 광고

2 contestant [kəntéstənt]

명 참가자

> 이 인기 있는 Law & Order 파생 작품[1]은 여전히 눈을 뗄 수가 없다[2].

☞ This popular Law & Order spin-off is as compelling as ever.

1 spin-off [spinɔ:f]

명 파생 상품, 파생 효과

2 compelling [kəmpéliŋ]

형 눈을 뗄 수 없는, 강렬한

157

TV는 **광고하기**[1]에 가장 강력한 **매체**[2]이고 또한 가장 비싸다.

> TV is the strongest medium to advertise in and also the most expensive.

1 advertise [ǽdvərtàiz]
통 광고하다, 선전하다

2 medium [mí:diəm]
명 매체, 수단, 도구 형 중간의

보충 어휘 ◗ the broadcast media : 방송 매체
◗ the mass media : 대중 매체

광고주[1]들은 인기 있는 잡지에 **광고**[2]를 싣는 데 큰돈을 지불한다.

> Advertisers pay big money to put ads on pages of popular magazines.

1 advertiser [ǽdvərtàizər]
명 광고주

2 ad [ǽd]
명 광고(advertisement), 광고업

우리가 **이용하려는**[1] 매체는 **전단지**[2], **포스터**[3], **광고판**[4]과 신문들이다.

> The mediums we plan to utilize include flyers, posters, billboards and newspapers.

1 utilize [jú:təlàiz]
통 이용하다, 활용하다

2 flyer [fláiər]
명 (광고, 안내용) 전단

3 poster [póustər]
명 (안내, 홍보용) 포스터, 벽보

4 billboard [bílbɔ̀:rd]
명 광고판, 게시판

보충 어휘 ◗ outdoor advertisement : 옥외 광고

그 회사는 어떤 **홍보**[1] 효과도 바라지 않고 그 클럽을 **후원했다**[2].

☞ The company sponsored the club without any wish for publicity.

1 publicity [pʌblísəti]
몡 언론의 관심, 홍보, 광고

2 sponsor [spánsər]
통 후원하다 몡 후원자, 스폰서, 광고주

(보충 어휘) ◑ public relation (PR) : 홍보

무언가 **독창적인**[1] 것을 만들어 내려면 **창조적**[2]이고 **건설적인**[3] 생각이 필요하다.

☞ It takes a creative, constructive mind to come up with something original.

1 original [ərídʒənəl]
혱 원래의, 본래의, 독창적인

2 creative [kriːéitiv]
혱 창조적인, 창의적인

3 constructive [kənstrʌ́ktiv]
혱 건설적인

우리는 **비교적**[1] 신생 **브랜드**[2]일지라도 브랜드 **인지도**[3]는 높다.

☞ Even though we're a relatively new brand, our brand recognition is high.

1 relatively [rélətivli]
뷔 비교적

2 brand [brænd]
몡 상표, 브랜드

3 recognition [rèkəgníʃən]
몡 인식, 인지도, 인정, 승인

(보충 어휘) ◑ brand value : 상표 가치

159

그들은 **팝업**[1] 광고나 **배너**[2] 광고를 통해 광고 수익을 **만들어 낸다**[3].

> They generate ad revenues by way of popup ads, banner ads.

1 popup [pápʌp]
형 뻥하고 튀어 오르는

2 banner [bǽnər]
명 표제, 배너, 플래카드, 현수막

3 generate [ʤénərèit]
동 만들어 내다, 발생시키다.

보충 어휘 ◑ internet banner ads : 인터넷 배너 광고

그 **웹사이트**[1]는 현재 어떤 **협찬**[2]이나 **광고**[3]를 하지 않고 있다.

> The website currently does not carry any sponsorship or advertising.

1 website [websait]
명 웹사이트

2 sponsorship [spánsərʃip]
명 후원, 협찬

3 advertising [ǽdvərtàiziŋ]
명 광고, 광고업

160

4 출판

그 **수필**^①은 1988년에 **출판되었고**^② 1990년에 **재판되었다**^③.

The essay was published in 1988 and republished in 1990.

1 essay [ései]
명 수필

2 publish [pʌbliʃ]
동 발표하다, 출판하다

3 republish [ri:pʌbliʃ]
동 다시 공포하다, 재판(再版)하다

그 책은 **소설**^①임에도 불구하고 **실화**^②처럼 읽힌다.

The book almost reads like non-fiction, though it is fiction.

1 fiction [fíkʃən]
명 소설, 허구

2 non-fiction [nɑnfíkʃən]
명 논픽션, 실화

보충 어휘 ◑ historical fiction : 역사 소설
◑ romantic fiction : 연애 소설

학교에 있는 동안, 그는 **문학**^①, 특히 **시**^②에 대한 강한 **열정**^③을 가졌다.

While at the school, he developed a strong enthusiasm for literature, especially poetry.

1 literature [lítərətʃər]
명 문학, 문예

2 poetry [póuitri]
명 시, 시가, 운문

3 enthusiasm [inθú:ziæzəm]
명 열광, 열정

보충 어휘 ◑ lyric poetry : 서정시
◑ prose poetry : 산문시

161

> 그의 테이블은 **참고**^① 서적과 **지도**^②들로 **어질러져**^③ 있었다.

^{예문} His table was littered with reference books, atlases.

1 reference [réfərəns]
명 말하기, 언급, 찾아봄, 참고

2 atlas [ǽtləs]
명 지도책

3 litter [lítər]
통 흩뜨리다, 어지르다 명 어질러져 있는 것들, 쓰레기

보충 어휘 ○ a world atlas : 세계 지도책

> 나는 **잘 시각**^①에 읽는 책으로 정치와 관련된 **전기**^②와 **자서전**^③을 좋아한다.

^{예문} For my bedtime reading, I am fond of political biography and autobiography.

1 bedtime [bédtàim]
명 취침 시간, 잘 시각

2 biography [baiágrəfi]
명 전기, 일대기

3 autobiography [ɔ̀:təbaiágrəfi]
명 자서전

> 그 **작가**^①는 모든 **등장인물**^②들의 **생생하고**^③ 완벽한 이미지를 창조해냈다.

^{예문} The author created vivid, complete images of all the characters.

1 author [ɔ́:θər]
명 저자, 작가

2 character [kǽriktər]
명 성격, 특징, 등장인물, 글자

3 vivid [vívid]
형 생생한, 활기에 찬, 선명한

162

20세기 초에 그의 **시**❶들은 **편집되어**❷ 한 권의 책으로 출간되었다.

☞ In the early 20th century his poems were compiled and published into a book.

1 poem [póuim]
명 (한 편의) 시

2 compile [kəmpáil]
동 엮다, 편집하다

그녀는 영어로 된 **원고**❶를 한국어로 **번역했다**❷.

☞ She translated the manuscript from English into Korean.

1 manuscript [mǽnjəskrìpt]
명 원고, 필사본

2 translate [trænsléit]
동 번역하다, 해석하다

그 **소설**❶의 **장르**❷는 **모험**❸이다.

☞ The genre of the novel is adventure.

1 novel [návəl]
명 (장편) 소설

2 genre [ʒá:nrə]
명 장르, 유형

3 adventure [ædvéntʃər]
명 모험, 모험심

그 책은 110**장**❶으로 꾸며진 10**권**❷으로 **구성되어 있다**❸.

☞ The book consists of 10 volumes with 110 chapters.

1 chapter [tʃǽptər]
명 (책 등의) 장

2 volume [válju:m]
명 책, 권, 용량, 양, 음량

3 consist [kənsíst]
동 되다, 이루어져 있다

그는 **남은**① 세월을 **회고록**②을 쓰면서 그의 삶을 **돌아보는**③ 데 시간을 보냈다.

He spent his remaining years writing his memoirs, and reflecting upon his life.

1 remain [riméin]
동 남다, 남아 있다

2 memoir [mémwɑːr]
명 회고록, 전기, 체험기

3 reflect [riflékt]
동 비추다, 반사하다, 곰곰이 생각하다

그 **만화책**① **표지**②는 아주 **기가 막히게 좋다**③.

The comic book cover is so awesome.

1 comic book [kɑ́mik buk]
명 만화책

2 cover [kʌ́vər]
명 덮개, 커버, 표지

3 awesome [ɔ́ːsəm]
형 기막히게 좋은, 경탄할 만한

우리는 **페이지 번호**①가 여러 곳에서 **변경되어**② **목차**③를 **수정해야**④ 한다.

We will need to revise the table of contents as the pagination has altered in places.

1 pagination [pæ̀dʒənéiʃən]
명 페이지 매기기, 페이지 번호

2 alter [ɔ́ːltər]
동 바꾸다, 변경하다

3 table of contents [téibəl ʌv kənténts]
명 목차 ▶ content : 속에 든 것들, 내용물

4 revise [riváiz]
동 변경하다, 수정하다

164

우리가 **인쇄물**①을 **교정볼**② 때 항상 막판에 **변경**③할 것들이 있다.

☞ There are always last minute alterations as we proofread the page printouts.

1 printout [príntàut]

명 인쇄, 인쇄물

2 proofread [prúːfrìːd]

통 교정을 보다

3 alteration [ɔ̀ːltəréiʃən]

명 고침, 변경, 개조

보충 어휘 ❶ proofread a manuscript : 원고를 교정하다

아이의 이해를 돕기 위해 **삽화**① 또는 **도표**②가 있는 책 사용을 고려해 보세요.

☞ Consider using a book with illustrations or diagrams to help your child understand.

1 illustration [ìləstréiʃən]

명 삽화, 도해, 실례

2 diagram [dáiəgræ̀m]

명 도표, 도해

보충 어휘 ❶ draw a diagram : 도표를 그리다

그 책은 **재활용**① 용지로 **인쇄되고**② **제본될**③ 것이다.

☞ The books will be printed and bound on recycled paper.

1 recycle [riːsáikəl]

통 재활용하다, 재생하다

2 print [print]

통 인쇄하다, 출판하다

3 bind [baind]

통 묶다, 감다, 제본하다

> 도서관에서는 종종 **내구성**①을 위해 책들을 **다시 제본한다**②.

⚏ Libraries often rebind books for durability.

1 durability [djùərəbílⱥti]
명 내구성, 내구력

2 rebind [rìːbáind]
동 다시 묶다, 다시 제본하다

> 그는 **표절**①과 **저작권**② **침해**③로 그 회사를 고소했다.

⚏ He sued the company for plagiarism and copyright infringement.

1 plagiarism [pléidʒiərìzəm]
명 표절

2 copyright [kάpiràit]
명 저작권, 판권

3 infringement [infríndʒmənt]
명 위반, 위배, 침해

chapter
09
economy & finance

09 경제와 금융

현재 세계 **경제**^①는 **근본적인**^② **변화**^③를 **겪고**^④ 있다.

> Now, the world economy is undergoing a fundamental transformation.

1 economy [ikánəmi]
명 경제, 절약

2 fundamental [fʌndəméntl]
형 기초의, 기본의, 근본적인

3 transformation [trænsfərméiʃən]
명 변화, 탈바꿈, 변신

4 undergo [ʌndərgóu]
동 겪다, 받다

보충 어휘 ◐ global economy : 세계[지구촌] 경제

중국은 **공공 기반 시설**^①에 많이 **투자해**^② 왔다.

> China has invested a lot in infrastructure.

1 infrastructure [ínfrəstrʌktʃər]
명 사회[공공] 기반 시설

2 invest [invést]
동 투자하다

보충 어휘 ◐ investment : 투자

높은 **상품**^① **가격**^②이 **인플레이션**^③을 **부채질하고**^④ 있다.

> High commodity prices are fuelling inflation.

1 commodity [kəmádəti]
명 상품, 물품

2 price [prais]
명 값, 가격, 물가

3 inflation [infléiʃən]
명 통화 팽창, 인플레이션, 물가 상승률

4 fuel [fjúːəl]
동 연료를 공급하다, 부채질하다 명 연료

보충 어휘 ◐ runaway inflation : 끝없이 치솟는 인플레이션

> 기업①은 경쟁자②들보다 앞서기 위해서 **고유한**③ 상품④을 가져야 한다.

A business must have unique goods in order to stay ahead of competitors.

1 business [bíznis]
명 사업, 장사, 일, 기업

2 competitor [kəmpétətər]
명 경쟁자

3 unique [juːníːk]
형 독특한, 고유의, 특별한

4 goods [gudz]
명 물건, 상품

> 영국의 **전체**① 가계② 빚③이 지금은 영국 GDP를 **추월했다**④.

The UK's overall household debt has now overtaken UK GDP.

1 overall [óuvərɔ̀ːl]
형 종합적인, 전체의

2 household [háushòuld]
명 가정, 가족, 세대

3 debt [det]
명 빚, 부채

4 overtake [òuvərtéik]
동 따라잡다, 추월하다

> 그 **마케팅**①은 그 제품②에 **어울리지**③ 않는다.

The marketing does not match the product.

1 marketing [mɑ́ːrkitiŋ]
명 마케팅, 매매

2 product [prɑ́dəkt]
명 상품, 제품, 산물, 결과물

3 match [mætʃ]
동 어울리다, 필적하다, 조화하다

보충 어휘 ◑ marketing techniques : 마케팅 기법들

169

그 디지털 시계는 **제작하는**[1] 데 **비싸지 않았다**[2].

☞ The digital watch was inexpensive to manufacture.

1 manufacture [mænjəfǽktʃər]
통 제조[생산]하다 명 제조, 생산

2 inexpensive [ìnikspénsiv]
형 비싸지 않은

생산자[1]가 없다면 **소비자**[2]는 아무것도 **소비할**[3] 수 없다.

☞ Without producers, consumers have nothing to consume.

1 producer [prədjúːsər]
명 생산자, 제작자, 감독, 연출가

2 consumer [kənsúːmər]
명 소비자, 수요자

3 consume [kənsúːm]
통 다 써 버리다, 소비하다, 소모하다

공급[1]과 **수요**[2]는 가격을 **결정하는**[3] 기본 **요인**[4]이다.

☞ Supply and demand are basic factors which determine price.

1 supply [səplái]
명 공급, 지급, 보급 통 공급하다, 주다

2 demand [dimǽnd]
명 요구, 수요 통 요구하다

3 determine [ditə́ːrmin]
통 결정하다, 알아내다

4 factor [fǽktər]
명 요인, 요소

디플레이션[1]은 보통 경제 **불황**[2]을 가져온다.

☞ Deflation usually leads to economic depression.

1 deflation [difléiʃən]
명 디플레이션, 물가 하락

2 depression [dipréʃən]
명 불경기, 불황, 우울함, 우울증

음식의 **가격**①과 **맛**②이 음식 **구매**③의 가장 강력한 **결정 요인**④
이다.

☞ The cost and taste of food are the strongest determinant of
food purchase.

1 cost [kɔːst]
명 가격, 비용, 희생 동 (비용이) 들다

2 taste [teist]
명 미각, 맛, 기호, 취향

3 purchase [pə́ːrtʃəs]
명 구입, 구매 동 구입[구매]하다

4 determinant [ditə́ːrmənənt]
명 결정 요인

두바이의 **핵심적인**① **부동산**② **시장**③이 **회복**④의 징후가 보이
지 않는다.

☞ Dubai's key real-estate market shows no signs of recovery.

1 key [kiː]
형 핵심적인, 필수적인 명 열쇠, 키

2 real-estate [ríːəlestèit]
형 부동산의

3 market [máːrkit]
명 시장

4 recovery [rikʌ́vəri]
명 회복, 복구

세계① 석유 가격은 부분적으로 OPEC의 석유 생산 **변동**②에 좌우
된다③.

☞ Global oil prices depend, in part, on fluctuations in OPEC
oil production.

1 global [glóubəl]
형 세계적인, 지구의, 전반적인

2 fluctuation [flʌ̀ktʃuéiʃən]
명 변동, 오르내림, 성쇠, 흥망

3 depend [dipénd]
동 의존하다, 믿다, 좌우되다

IMF의 목적은 국가의 **통화**①를 **안정시키는**② 것이다.

The goal of the IMF is to stabilize national currencies.

1 currency [kə́:rənsi]
명 통화, 통용

2 stabilize [stéibəlàiz]
동 안정시키다, 견고하게 하다

경제 **주기**①는 보통 **기술**② **혁신**③에 의해 이끌려진다.

Business cycles are often led by technological innovations.

1 cycle [sáikl]
명 순환, 주기

2 technological [teknɑ́lədʒikəl]
형 기술적인, 기술 혁신의

3 innovation [ìnouvéiʃən]
명 (기술) 혁신, 쇄신

담보① **대출**②의 **양**③이 **완만한**④ 속도로 증가하고 있다.

The amount of mortgage lending is increasing at a sluggish pace.

1 mortgage [mɔ́:rgidʒ]
명 저당, 담보, 융자, 대부금

2 lending [léndiŋ]
명 대출, 대부

3 amount [əmáunt]
명 총액, 양 동 총계가 ~에 이르다

4 sluggish [slʌ́giʃ]
형 완만한, 부진한, 동작이 느린

모든 자유 시장 경제는 **호황**①과 **불황**②의 주기를 가지고 있다.

All free market economies have a boom and bust cycle.

1 boom [bu:m]
명 붐, 호황

2 bust [bʌst]
명 불황, 실패, 파산

대부분의 주요 무역 국가들이 **불경기**[1] 또는 **불황**[2]으로 고생하고 있다.

☞ Most of the main trading countries suffer from stagnation or recession.

1 stagnation [stægnéiʃən]
명 침체, 정체, 불경기

2 recession [riséʃən]
명 불경기, 불황, 물러남

도매[1] 가격이 작년 **정점**[2]에서 떨어졌다.

☞ Wholesale costs have fallen from last year's peak.

1 wholesale [hóulsèil]
형 도매의, 대량의

2 peak [piːk]
명 절정, 정점, 산꼭대기, 정상

[보충 어휘] ❶ a retail price : 소매가

경제 활동의 **지표**[1]들이 더욱 **조짐이 좋아지고**[2] 있다.

☞ Indicators of economic activity have become more promising.

1 indicator [índikèitər]
명 지표, 계기, 장치

2 promising [práməsiŋ]
형 유망한, 조짐이 좋은

정부는 기업들이 **소비**[1]를 **신장시키기**[2] 위해 급여를 올려야 한다고 말했다.

☞ The government said companies should raise wages to boost spending.

1 spending [spéndiŋ]
명 지출, 소비

2 boost [buːst]
동 신장시키다, 북돋우다

173

안정^①이 경제 성장^②을 지속시키기^③ 위해서 아주 중요하다.

☞ Stability is essential to sustain economic growth.

1 stability [stəbíləti]
명 안정, 안정성

2 growth [grouθ]
명 성장, 증가

3 sustain [səstéin]
동 살아가게 하다, 지속시키다

그 환불^① 계획은 경제를 고무시키는^② 데 도움이 안 될 것이다.

☞ The rebate plan will do nothing to stimulate the economy.

1 rebate [rí:beit]
명 환불, 할인, 리베이트

2 stimulate [stímjəlèit]
동 자극하다, 북돋우다, 고무하다

그 부담들이 생산성^① 성장과 경쟁력^②을 방해하고^③ 있다.

☞ The burdens are impeding productivity growth and competitiveness.

1 productivity [pròudʌktívəti]
명 생산성, 생산력

2 competitiveness [kəmpétətivnis]
명 경쟁력

3 impede [impí:d]
동 방해하다, 지연시키다

미국은 자유 무역을 촉진하고^① 투자^②를 개방하고 있다.

☞ America is promoting free trade and open investment.

1 promote [prəmóut]
동 촉진하다, 승진시키다, 홍보하다

2 investment [invéstmənt]
명 투자, 출자

174

세계화[1] 가 우리 회사들을 **세계**[2] 각지의 회사와 **경쟁**[3] 하게 만들고 있다.

　　Globalization puts our firms in competition with those from across the globe.

1 globalization [glòubələzéiʃən]
　뗑 세계화

2 globe [gloub]
　뗑 세계, 지구, 구, 공

3 competition [kàmpətíʃən]
　뗑 경쟁, 대회, 시합

카르텔[1] 은 **명백한**[2] **담합**[3] 또는 **암묵적인**[4] 담합에 의해 만들어지고 유지된다.

　　Cartel is established and maintained by explicit collusion or tacit collusion.

1 cartel [kɑ:rtél]
　뗑 카르텔, 기업 연합

2 explicit [iksplísit]
　혱 명백한, 노골적인

3 collusion [kəlú:ʒən]
　뗑 공모, 담합, 결탁

4 tacit [tǽsit]
　혱 암묵적인, 무언의

정부는 모든 **독점**[1] 을 **통제하고**[2] **규제해야**[3] 한다.

　　The government should control and regulate all monopolies.

1 monopoly [mənɑ́pəli]
　뗑 독점, 전매

2 control [kəntróul]
　통 지배[통제]하다 뗑 지배, 통제

3 regulate [régjəlèit]
　통 규제하다, 통제하다, 조절하다

일본은 미국에게 많은 **무역**[1] **흑자**[2]를 보고 있다.

Japan has a massive trade surplus with the USA.

1 trade [treid]
명 거래, 무역 동 거래[무역]하다

2 surplus [sə́:rplʌs]
명 흑자, 과잉

우리의 항구들은 **수출**[1]과 **수입**[2]에 중요한 역할을 하고 있다.

Our ports play an important role in exports and imports.

1 export [íkspɔ:rt]
명 수출 동 수출하다

2 import [ímpɔ:rt]
명 수입 동 수입하다

수입업자들은 **신용장**[1]을 얻어 내기[2] 위해 **분투하고**[3] 있다.

Importers have been struggling to secure letters of credit.

1 letter of credit [létər ʌv krédit]
명 신용장

2 secure [sikjúər]
동 얻어 내다, 확보하다 형 안전한

3 struggle [strʌ́gəl]
동 투쟁[분투]하다 명 투쟁, 분투

지불금[1]은 송장[2] 날짜의 3개월 안에 **지불해야 한다**[3].

Payment is due within 3 months of the invoice date.

1 payment [péimənt]
명 지불, 납입, 지불금

2 invoice [ínvɔis]
명 송장, 청구서

3 due [dju:]
형 지불해야 하는, 예정된, ~로 인한

통관[1] 사무원이 통관을 허락하고 수출신청서에 **도장을 찍었다**[2].

A customs clearance officer approved and stamped the export application form.

1 customs clearance [kʌ́stəmz klíərəns]

명 통관 ▶ customs : 세관, 관세 clearance : 허가, 승인

2 stamp [stæmp]

동 도장을 찍다, 우표를 붙이다 명 도장, 우표

교역[1]은 수천 년 지속되어 온 인간의 기본적인 **거래**[2]이다.

Barter is a basic human transaction that dates back thousands of years.

1 barter [bɑ́ːrtər]

명 물물교환, 교역 동 물물교환하다

2 transaction [trænzǽkʃən]

명 거래, 매매

무역 수지[1]가 계속 **악화되고**[2] 있다.

The balance of trade continues to worsen.

1 balance [bǽləns]

명 균형, 수지, 잔고, 저울

2 worsen [wə́ːrsən]

동 악화하다, 악화시키다

무역 적자[1]의 규모와 **불균형**[2]이 우리를 걱정스럽게 하고 있다.

The imbalance and the size of our trade deficit are worrying us.

1 deficit [défəsit]

명 적자, 부족액, 결손

2 imbalance [imbǽləns]

명 불균형

177

> 무역 보호주의[●]와 수입품에 대한 **관세**^❷ 적용이 증가하고 있다.

> Protectionism and the application of tariffs on imports is increasing.

1 protectionism [prətékʃənizəm]
명 (무역) 보호주의

2 tariff [tǽrif]
명 관세, 요금표

보충 어휘 ❶ retaliatory tariff : 보복 관세

> 우리는 **소득이 낮은**[●] 나라들에 대해 불공정한 무역 **장벽**^❷을 **없애야**^❸ 한다.

> We must remove unfair trade barriers against low-income countries.

1 low-income [louínkʌm]
형 저소득의

2 barrier [bǽriər]
명 장벽, 장애물

3 remove [rimúːv]
동 없애다, 제거하다, 치우다

보충 어휘 ❶ tariff barriers : 관세 장벽

> EU는 불공정한 무역에 **대응**[●]하기 위해 **반덤핑**^❷ 세금^❸을 도입했다.

> The EU has introduced anti-dumping duties in response to unfair trade.

1 response [rispάns]
명 대답, 응답, 반응, 대응

2 anti-dumping [æ̀ntidʌ́mpiŋ]
형 반덤핑의

3 duty [djúːti]
명 의무, 직무, 세금

무역에 대한 **규제**가 두 나라 사이에 **마찰**을 일으켜 왔다.

Restrictions on trade have caused friction between the two countries.

1 restriction [ristríkʃən]

명 제한, 규제

2 friction [fríkʃən]

명 마찰, 알력, 불화

보충 어휘 ❍ trade friction : 무역 마찰
❍ trade retaliation : 무역 보복

금융①에서도 정치처럼 **루머**②들은 일반적으로 다가오는 사건들을 **예측한다**③.

In finance, as in politics, rumors generally predict coming events.

1 finance [fáinæns]
뗑 재정, 재무, 금융

2 rumor [rúːmər]
뗑 소문, 풍문

3 predict [pridíkt]
뙤 예언하다, 예측하다

금융① **위기**②는 나라의 모든 가정과 기업에 **영향을 미치고**③ 있다.

The financial crisis is affecting every family and business in the country.

1 financial [fainǽnʃəl]
뼹 금융의, 재정의

2 crisis [kráisis]
뗑 위기, 중대 국면, 고비

3 affect [əfékt]
뙤 영향을 미치다, 발생하다

우리는 이 경제 위기를 해결하기 위해 **통화**① 정책을 더 **완화해야**② 한다.

We have to further loosen monetary policy to solve this economic crisis.

1 monetary [mɑ́nətèri]
뼹 통화의, 화폐의

2 loosen [lúːsn]
뙤 느슨하게 하다, 늦추다, 완화하다

> 평가 절하①는 소비②를 외국 상품에서 **국내**③ 상품으로 **바꿀**④ 것이다.

☞ Devaluation will switch expenditures from foreign to domestic commodities.

1 devaluation [dìːvæljuéiʃən]
명 평가 절하, 가치의 저하

2 expenditure [ikspénditʃər]
명 지출, 소비

3 domestic [douméstik]
형 국내의, 가정의, 집안의

4 switch [switʃ]
동 전환하다, 바꾸다

보충 어휘 ◑ revaluation : 평가 절상, 재평가

> 기본적인 **저축 예금**①의 **이자**②율은 세금을 제하고 3.5퍼센트였다.

☞ The interest rate for a basic savings account was 3.5 per cent after tax.

1 savings account [séiviŋz əkàunt]
명 보통 예금, 저축 예금 ▶ saving : 절약, 예금 account : 계좌, 장부, 이용 계정

2 interest [íntərist]
명 이자, 관심, 흥미

보충 어휘 ◑ checking account : 당좌 예금 계좌
◑ account balance : 잔고, 계정 잔액

> 나는 은행 **예금**①에 의지해서 **은퇴**②를 대비한다.

☞ I rely on my bank deposit for my retirement

1 deposit [dipázit]
명 예금, 보증금 동 예금[예치]하다, 두다

2 retirement [ritáiərmənt]
명 은퇴, 퇴직

> **예금자**^①들은 인터넷 뱅킹 서비스를 이용해서 **현금**^②을 **인출했다**^③.

　Depositors withdrew cash using Internet banking services.

1 depositor [dipάzitər]
　몡 예금자, 예금주

2 cash [kæʃ]
　몡 현금, 돈　통 현금으로 바꾸다

3 withdraw [wiðdrɔ́ː]
　통 인출하다, 물러나다, 철회하다

> 은행 **창구 직원**^①이 내 **지폐**^② 중의 하나가 **위조되었다**^③고 말했다.

　The bank teller told me one of my bills was counterfeit.

1 teller [télər]
　몡 금전 출납계[창구] 직원, 현금 지급기

2 bill [bil]
　몡 지폐, 고지서, 청구서, 계산서, 법안

3 counterfeit [káuntərfit]
　혱 위조의, 모조의

> **해외에서**^① 온 **송금액**^②이 약 삼**십억**^③ 달러로 추정된다.

　Remittances from abroad are estimated to be around $3 billion.

1 abroad [əbrɔ́ːd]
　閉 해외에서, 해외로

2 remittance [rimítəns]
　몡 송금, 송금액

3 billion [bíljən]
　몡 10억, 엄청난 양

보충 어휘 ◑ make (a) remittance : 송금하다

> 그 **중앙**❶ 은행은 **고정**❷ **환율**❸의 덫에 빠져 있다.

☞ The central bank is caught in a fixed exchange rate trap.

1 central [séntrəl]
형 중심의, 중앙의

2 fixed [fikst]
형 고정된, 일정한

3 exchange rate [ikstʃéindʒ reit]
명 환율, 외환 시세

> 마오쩌둥의 얼굴이 여전히 중국 **은행권**❶을 **장식하고**❷ 있다.

☞ The face of Mao Tse-Tung still adorns every Chinese banknote.

1 banknote [bǽŋknòut]
명 은행권, 지폐

2 adorn [ədɔ́:rn]
동 꾸미다, 장식하다

보충 어휘 ◗ coin : 동전, 주화

> 그는 **수표**❶ 뒷면에 **이서를 했다**❷.

☞ He endorsed the check on the back.

1 check [tʃek]
명 수표 (cheque)

2 endorse [indɔ́:rs]
동 배서[이서]하다, 지지하다

보충 어휘 ◗ bounce : (어음 등이) 부도 나서 되돌아오다

> 미국의 **현금 자동 입출금기**❶의 숫자가 **세 배가 되었다**❷.

☞ The numbers of ATMs in the US has tripled.

1 ATM [eiti:em]
명 현금 자동 입출금기(automated teller machine)

2 triple [trípəl]
동 3배가 되다 형 3배의

183

> 암호[1]와 개인 식별 번호[2]를 요구하는 청하지 않은[3] 이메일에 응하지[4] 마세요.

Don't reply to unsolicited emails asking for your passwords and PINs.

1 password [pǽswə̀:rd]
명 암호, 비밀번호

2 PIN [pin]
명 개인 식별 번호 (personal identification number)

3 unsolicited [ʌ̀nsəlísətid]
형 청하지 않은, 필요치 않은

4 reply [riplái]
동 대답하다, 응하다 명 대답, 답신

> 할부[1] 신용[2]은 일정액의 금액을 정해서 지불하는 대출[3]이다.

Installment credit is a loan where payments are set at a certain amount.

1 installment [instɔ́:lmənt]
명 분할 불입, 1회분

2 credit [krédit]
명 신용 거래, 신용, 학점

3 loan [loun]
명 대출, 융자, 대여

> 이자는 매일 계산되지만[1] 한 달에 한 번 원금[2]에 더해진다[3].

The interest is calculated daily but is added to the principal once a month.

1 calculate [kǽlkjəlèit]
동 계산하다, 산출하다

2 principal [prínsəpəl]
명 원금, 학장, 총장, 교장 형 주요한

3 add [æd]
동 더하다, 합산하다

미불[1] 채무는 그들의 현금 **흐름**[2]에 **심각한**[3] 영향을 주고 있다.

ㄴ☞ Outstanding debt has a severe effect on their cash flows.

1 outstanding [àutstǽndiŋ]
형 뛰어난, 두드러진, 미지불된, 미해결된

2 flow [flou]
명 흐름 동 흐르다

3 severe [sivíər]
형 극심한, 심각한, 가혹한

지역 세무서는 보통 연체된[1] 돈을 **추적해서**[2] 징수한다[3].

ㄴ☞ Local tax offices usually chase and collect overdue money.

1 overdue [òuvərdjúː]
형 기한이 지난, 미불의, 연체된

2 chase [tʃeis]
동 쫓다, 추적하다

3 collect [kəlékt]
동 모으다, 수금하다, 징수하다

주식[1]**은 위험**[2] 부담 때문에 높은 **수익**[3]을 내는 경향이 있다.

☞ Equities tend to generate higher returns because they are risky.

1 equity [ékwəti]
명 주식, 보통주, 자기 자본, 공평

2 risky [ríski]
형 위험한, 모험적인

3 return [ritə́:rn]
명 수익, 돌아옴

주식[1], **채권**[2] 그리고 다른 **유가 증권**[3]들은 수익을 낼 뿐 아니라 손실을 내기도 한다.

☞ Stocks, bonds, and other securities can lose as well as gain value.

1 stock [stɑk]
명 주식, 재고품, 비축물

2 bond [bɑnd]
명 채권, 회사채, 묶는 것, 약정, 계약

3 security [sikjúəriti]
명 유가 증권, 보안, 안보, 방위

보충 어휘 ◗ stockholder : 주주

생명 공학[1] 회사들의 **주식**[2] 가격이 아주 **변동이 심하다**[3].

☞ Share prices in biotechnology companies are very volatile.

1 biotechnology [bàiouteknd́lədʒi]
명 생명 공학

2 share [ʃɛər]
명 주, 주식, 몫, 지분

3 volatile [vɑ́lətil]
형 변덕스러운, 변동이 심한, 불안한

그러한 **우량**[●] 회사들이 **파산하는**[●] 것을 보는 것은 **애석한 일**[●]이다.

It is a shame to see such blue-chip companies become insolvent.

1 blue-chip [blu:chip]
형 블루칩의, 우량의

2 insolvent [insálvənt]
형 파산한, 지급불능의

3 shame [ʃeim]
명 애석한[딱한] 일, 수치심, 창피

보충 어휘 ◑ a blue-chip stock : 우량주

그 주식은 **경쟁**[●] 상대들의 주식에 **비해**[●] 높은 **평가**[●]를 받고 있다.

The stock has a high valuation compared with that of rivals.

1 rival [ráivəl]
명 경쟁자, 라이벌, 적수

2 compare [kəmpéər]
동 비교하다, 대조하다

3 valuation [væ̀ljuéiʃən]
명 평가, 가치

보충 어휘 ◑ par value : 액면 가격

모든 **상승 장세**[●] 뒤에는 **하락 장세**[●]가 이어진다.

Every bull market is followed by a bear market.

1 bull market [búl mɑ:rkit]
명 상승 장세, 호황

2 bear market [béər mɑ:rkit]
명 하락세, 하락 장세

최근 주식 시장의 **급격한**[1] **반등**[2]은 지난 며칠 사이에 **멈췄다**[3].

☞ The recent sharp rally in equity markets has halted in the past few days.

1 sharp [ʃɑːrp]
형 예리한, 날카로운, 급격한

2 rally [rǽli]
명 회복, 반등 동 회복되다, 반등하다

3 halt [hɔːlt]
동 멈추다, 서다 명 멈춤, 중단

주식 시장이 **폭락했고**[1], 유가가 **떨어졌고**[2] 실업률이 **급증했다**[3].

☞ The stock market crashed, oil prices plunged and unemployment soared.

1 crash [kræʃ]
동 충돌[추락/폭락]하다 명 충돌, 추락, 폭락

2 plunge [plʌndʒ]
동 거꾸러지다, 급락하다 명 낙하, 급락

3 soar [sɔːr]
동 급증[급등]하다, 치솟다

시장이 너무 **과열되어서**[1] **조정**[2]은 성숙한 경제를 보여주는 징후이다.

☞ The market was overheated and a correction is a sign of a mature economy.

1 overheat [òuvərhíːt]
동 너무 뜨겁게 하다, 과열시키다

2 correction [kərékʃən]
명 정정, 수정, 조정

보충 어휘 ◑ correction phase : 조정 국면

188

그 나라는 5개 상품의 **선물**[1] 거래를 **중단했다**[2].

☞ The county has suspended futures trading of five commodities.

1 futures [fjúːtʃərz]
명 선물(先物)

2 suspend [səspénd]
동 매달다, 유예[중단]하다, 연기하다

그는 주가 **조작**[1]과 **탈세**[2] 혐의를 받고 있었다.

☞ He was facing charges of share-price manipulation and tax evasion.

1 manipulation [mənìpjəléiʃən]
명 교묘한 처리, 조작, 속임수

2 tax evasion [tǽks ivèiʒən]
명 탈세 ▶ evasion : 회피, 모면

(보충 어휘) ❶ arbitrage : 차익 거래

그 주식은 약 7퍼센트의 **배당금**[1] **수익률**[2]을 제공한다.

☞ The stock offers a dividend yield of about seven per cent.

1 dividend [dívidènd]
명 배당금, 상금

2 yield [jiːld]
명 수익, 이율, 산출량 동 산출[생산]하다

(보충 어휘) ❶ bond yield : 채권 수익률

189

> 그 소녀가 그 **보험**[1] **증권**[2]의 **유일한**[3] **수혜자**[4]이다.

The girl is the sole beneficiary of the insurance policy.

1 insurance [inʃúərəns]
명 보험, 보험업, 보험금

2 policy [púləsi]
명 보험 증권

3 sole [soul]
형 오직 하나의, 유일한

4 beneficiary [bènəfíʃieri]
명 수혜자, 수령인

> 단생 **연금**[1]은 **보험 계약자**[2]가 사망할 때까지 지급되는 것이다.

A single life annuity will pay out until the policyholder dies.

1 annuity [ənjúːəti]
명 연금, 연금 보험

2 policyholder [púləsihòuldər]
명 보험 계약자

보충 어휘 ◗ annuity insurance : 연금 보험

> 몇몇 큰 **공급업체**[1]들은 **채무 불이행**[2] **위험**[3]에 대비해서 **보험에 든다**[4].

Some of the biggest suppliers insure themselves against the default risks.

1 supplier [səpláiər]
명 공급자, 공급 회사

2 default [difɔ́ːlt]
명 채무 불이행 동 이행하지 않다

3 risk [risk]
명 위험, 위험 요소

4 insure [inʃúər]
동 보험에 들다

그는 **보상 범위**[1]에 대한 **구체적인**[2] 세부 사항을 보험 회사에 문의했다.

☞ He checked with his insurance provider for specific details about coverage.

1 coverage [kʌ́vəridʒ]
명 보상 범위, 보장, 범위, 보도

2 specific [spisífik]
형 구체적인, 명확한, 특정한

건물 **보험료**[1]가 이번 **분기**[2]에 인상되었다.

☞ Building insurance premiums have risen in this quarter.

1 premium [prí:miəm]
명 보험료, 할증료 형 아주 높은, 고가의

2 quarter [kwɔ́:rtər]
명 4분의 1, 사분기, 15분

보험 **사정인**[1]이 오늘 **피해**[2] 상황을 **조사할**[3] 것이다.

☞ Insurance assessors will examine the damage today.

1 assessor [əsésər]
명 사정인, 감정인, 평가자

2 damage [dǽmidʒ]
명 손해, 손상, 피해

3 examine [igzǽmin]
동 시험하다, 검사하다, 조사하다

그는 한국에서 **부동산**[1] 중개인[2]으로 일하고 있다.

☞ He works as a real estate agent in Korea.

1 real estate [rí:əl isteit]
명 부동산, 부동산 중개업

2 agent [éidʒənt]
명 대리인, 중개인, 중개상, 에이전트

보충 어휘 ◐ brokerage : 중개업, 중개 수수료

191

부동산업자[1]들은 보통 판매를 장려하기 위해 부동산을 **낮게 평가한다**[2].

> Realtors generally undervalue property in order to encourage sales.

1 realtor [ríːəltər]
뗑 부동산업자

2 undervalue [ʌ̀ndərvǽljuː]
똥 과소평가하다, 시세보다 싸게 평가하다

어떤 도시들에서는 **합리적인**[1] 가격으로 **임대**[2]할 집이 없다.

> There are no houses for rent at a reasonable price in some cities.

1 reasonable [ríːzənəbəl]
혱 타당한, 사리에 맞는, 합리적인

2 rent [rent]
뗑 임대, 임차료 똥 임대하다, 세놓다

집주인[1]이 아니라 **세입자**[2]들이 **임대차 계약**[3]의 기간을 조절하고 있다.

> Tenants control the length of the lease, not landlords.

1 landlord [lǽndlɔ̀ːrd]
뗑 주인, 임대주

2 tenant [ténənt]
뗑 세입자, 임차인

3 lease [liːs]
뗑 임대차 계약 똥 임대하다

만연하고[1] 있는 주택 가격 **투기**[2]는 아주 큰 사회 문제이다.

> Rampant house price speculation is a big social problem.

1 rampant [rǽmpənt]
혱 만연하는, 걷잡을 수 없는

2 speculation [spèkjəléiʃən]
뗑 투기, 추측

chapter

10

business & management

인텔 **기업**①은 세계에서 가장 큰 컴퓨터 **장치**② 제조업체③이다.

The Intel Corporation is the largest manufacturer of computer devices in the world.

1 corporation [kɔ̀:rpəréiʃən]
명 기업, 법인, 조합

2 device [diváis]
명 장치, 설비, 폭발물, 방책

3 manufacturer [mæ̀njəfǽktʃərər]
명 제조재[사], 생산자

보충 어휘 ◑ a multinational corporation : 다국적 기업

기업①은 **기업가**②의 정신에 달려 있다.

Enterprise is in the mind of the entrepreneur.

1 enterprise [éntərpràiz]
명 기업, 회사, 대규모 사업

2 entrepreneur [à:ntrəprəná:r]
명 사업가, 기업가

보충 어휘 ◑ a government[private] enterprise : 관영[민영] 기업

법인 인가를 받은① 모든 사업체들은 장부를 **회계 감사**② 받아야 한다.

All businesses which are incorporated have to have their accounts audited.

1 incorporate [inkɔ́:rpərèit]
동 법인으로 만들다, 주식 회사로 하다

2 audit [ɔ́:dit]
동 회계를 감사하다 명 회계 감사

보충 어휘 ◑ capital : 자본금, 자금 · *floating capital* : 유동 자본

194

그 회사의 **본사**①는 런던에 **위치하고**② 있다.

The headquarters of the company is situated in London.

1 headquarters [hédkwɔ̀:rtərz]
명 본부, 사령부, 본사

2 situate [sítʃuèit]
동 두다, 위치시키다

그 **체인**①은 올해 말에 인도의 뭄바이에 첫 **지점**②을 열 것이다.

The chain will open its first branch in Mumbai, India, later this year.

1 chain [tʃein]
명 (호텔, 상점 등의) 체인, 사슬, 띠

2 branch [bræntʃ]
명 지사, 분점, 가지, 분과, 부서

그 회사는 A&M 그룹 안에 **독립형**① **자회사**②로써 **운영될**③ 것 이다.

The company will be run as a stand-alone subsidiary within the A&M Group.

1 stand-alone [stǽndəloun]
형 독립형의

2 subsidiary [səbsídièri]
명 자회사 형 부수적인, 자회사의

3 run [rʌn]
동 운영하다, 경영[관리]하다

우리는 우리의 **핵심**① 사업에 **집중해야**② 한다.

We should concentrate on our core business.

1 core [kɔ:r]
형 핵심적인, 가장 중요한 명 핵심, 중심부

2 concentrate [kánsəntrèit]
동 집중하다[집중시키다], 전념하다

195

전체 **이사회**[1]는 회사 **경영**[2]에 **책임이 있다**[3].

The whole Board are responsible for company management.

1 board [bɔːrd]
명 이사회, 위원회

2 management [mǽnidʒmənt]
명 관리, 경영, 경영진

3 responsible [rispánsəbəl]
형 책임이 있는

소매업자[1]들의 한 가지 **해결책**[2]은 상품 범위를 **확대하고**[3] **다각화하는**[4] 것이다.

One solution for retailers is to expand and diversify their product range.

1 retailer [ríːteilər]
명 소매업자, 소매상

2 solution [səlúːʃən]
명 해결책, 용액, 용해

3 expand [ikspǽnd]
동 넓히다, 확장하다, 팽창시키다

4 diversify [divə́ːrsəfài]
동 다각화하다, 다양화하다

보충 어휘 ◑ wholesaler : 도매업자

우리는 **실용적이고**[1] **혁신적인**[2] **생각**[3]을 가질 필요가 있다.

We need to be pragmatic and innovative in our thinking.

1 pragmatic [prægmǽtik]
형 실용적인

2 innovative [ínouvèitiv]
형 혁신적인

3 thinking [θíŋkiŋ]
명 생각, 사고, 사색

사업 **등록**^❶ **절차**^❷가 더 **간소화되었다**^❸.

☞ The business registration process was further streamlined.

1 registration [rèdʒəstréiʃən]
명 등록, 신고

2 process [práses]
명 과정, 절차, 공정

3 streamline [strí:mlàin]
통 간소화하다, 유선형으로 하다

보충 어휘 ❶ business license : 사업허가증

동업^❶의 또 다른 이점은 **업무량**^❷을 **나눌**^❸ 수 있다는 것이다.

☞ The other advantage of partnership is that you share the workload.

1 partnership [pɑ́:rtnərʃip]
명 동업, 동반자 관계

2 workload [wə́:rklòud]
명 업무량, 작업량

3 share [ʃɛər]
통 분배하다, 나누다, 공유하다

보충 어휘 ❶ strategic partnership : 전략적 제휴

우리는 **해외에서**^❶ 일하므로 비용의 상당 부분은 **유지**^❷비이다.

☞ We are working offshore, so the significant cost is the maintenance cost.

1 offshore [ɔ́:fʃɔ̀:r]
부 연안에서, 해외에서 형 연안의, 해외의

2 maintenance [méintənəns]
명 유지, 지속

보충 어휘 ❶ an offshore investment company : 국외 투자 신탁 회사

> ## 제조업❶ 부문❷에서 극심한❸ 인원 삭감❹이 있었다.

There has been intense downsizing in the manufacturing sector.

1 manufacturing [mæ̀njəfǽktʃəriŋ]
명 제조업

2 sector [séktər]
명 부문, 분야

3 intense [inténs]
형 극심한, 강렬한

4 downsizing [dáunsàiziŋ]
명 소형화, 인원 삭감

> ## 자산❶ 가치가 더 나빠질❷ 것으로 예상이 된다.

Asset values are likely to have deteriorated further.

1 asset [ǽset]
명 자산, 재산

2 deteriorate [ditíəriərèit]
동 악화되다, 더 나빠지다

> ## 그 회사는 다음 달에 추가 구조 조정❶ 계획을 밝힐❷ 것으로 예상된다.

The company is expected to reveal further restructuring plans next month.

1 restructuring [ri:strʌ́ktʃəriŋ]
명 기업 혁신 전략, 구조 조정

2 reveal [rivíːl]
동 드러내다, 밝히다

> ## 회사가 수익성이 나지❶ 않는다면 파산할❷지 모른다.

If the firm is not profitable, they could go bankrupt.

1 profitable [prɑ́fitəbəl]
형 수익성이 있는, 이득이 되는

2 bankrupt [bǽŋkrʌpt]
형 파산한

그 회사는 좋은 **수익성**①을 가진 **재정적으로**② 견실한 회사이다.

🔊 The company is sound financially with a good record of profitability.

1 profitability [prɔ̀fitəbíləti]
몡 수익성, 이윤율

2 financially [fainǽnʃəli]
뷔 재정적으로, 재정상

동반 상승 효과①가 창출된다면 **합병**②이나 **인수**③는 **합리적**④이다.

🔊 A merger or acquisition is rational if synergy is created.

1 synergy [sínərdʒi]
몡 시너지, 동반 상승 효과

2 merger [mə́ːrdʒər]
몡 합병

3 acquisition [æ̀kwəzíʃən]
몡 인수, 매입, 습득

4 rational [rǽʃənl]
혱 합리적인, 이성적인

그 은행은 **기업**① **인수**② 움직임의 **중심**③에 놓여 있었다.

🔊 The bank placed itself in the forefront of corporate takeover activity.

1 corporate [kɔ́ːrpərit]
혱 기업[회사]의, 법인의

2 takeover [téikòuvər]
몡 기업[경영권] 인수, 탈취

3 forefront [fɔ́ːrfrʌ̀nt]
몡 중심, 가장 중요한 위치, 최전선

199

그들은 전적으로 **신규 채용**[1]을 담당하는 **인사**[2] **부서**[3]가 있었다.

They had a personnel department that dealt wholly with recruitment.

1 recruitment [rikrúːtmənt]
명 신규 모집[채용], 신병 모집

2 personnel [pə̀ːrsənél]
명 인사과, 인원, 직원들

3 department [dipáːrtmənt]
명 부서, 부처, 학과

보충 어휘 ◑ personnel management : 인사 관리

그 회사는 **회장**[1]과 **최고 경영자**[2]의 역할을 **나누어**[3] 왔다.

The company has split the roles of Chairman and Chief Executive.

1 chairman [tʃέərmən]
명 회장, 의장

2 chief executive [tʃíːf igzékjətiv]
명 최고 책임자 ▶ executive : 이사, 중역

3 split [split]
통 나뉘다, 나누다, 분열되다

보충 어휘 ◑ chief executive officer : 최고 경영자(CEO)

그는 캘리포니아의 있는 기업 **컨설팅**[1] 회사의 **사장**[2]이다.

He is president of a business consulting firm in California.

1 consulting [kənsʌ́ltiŋ]
형 상담역의, 자문의, 고문의

2 president [prézidənt]
명 회장, 사장, 총장, 학장, 대통령

보충 어휘 ◑ vice president : 부통령, 부회장, 부사장, 부총장

그 회사는 재무 **이사**①와 재무 **관리자**②를 해고했다.

The company has fired its Financial Director and Financial Controller.

1 director [diréktər]
명 임원, 이사, 책임자, 감독

2 controller [kəntróulər]
명 관리자, 회계 담당자, 조종 장치

보충 어휘 ◑ executive[managing] director : 전무 이사

각 회사의 **대표자**①들이 그 새로운 **벤처 사업**②을 조직화하기③ 위해 정규적으로 만나고 있다.

Representatives from each firm meet regularly to coordinate the new venture.

1 representative [rèprizéntətiv]
명 대표, 대리인 형 대표하는

2 venture [véntʃər]
명 모험, 모험적 사업 동 위험을 무릅쓰고 가다

3 coordinate [kouɔ́:rdənèit]
동 조직화[편성]하다, 꾸미다

그는 자카르타에 **본사를 둔**① 보안 회사의 **기술**② **고문**③이다.

He is a technical adviser for a security company based in Jakarta.

1 based [beist]
형 근거지[본사]를 둔, 기반을 둔

2 technical [téknikəl]
형 기술적인, 기술의

3 adviser [ædváizər]
명 조언자, 고문

보충 어휘 ◑ legal adviser : 법률 고문

201

그는 영업 **부장**으로 **승진되었다**.

He was promoted to sales manager.

1 manager [mǽnidʒər]
명 경영자, 관리자, 부장, 감독, 매니저

2 promote [prəmóut]
동 승진시키다, 홍보하다, 촉진하다

보충 어휘 ● promotion : 승진, 승격, 홍보, 판촉

그는 새 **부서**로 **옮길** 예정이다.

He is going to transfer to the new division.

1 division [divíʒən]
명 (조직의) 부, 국, 분할, 분배

2 transfer [trænsfə́:r]
동 옮기다, 이동하다

보충 어휘 ● a personnel division : 인사부

그의 **후임자**가 오늘 **발표될** 예정이다.

His replacement is expected to be announced today.

1 replacement [ripléismənt]
명 교체, 대체, 후임자

2 announce [ənáuns]
동 발표하다, 알리다

작업 **분석** 후에 직무 **평가**를 **수행하는** 것이 가장 좋다.

It is best to perform job evaluation after work analysis.

1 analysis [ənǽləsis]
명 분석, 분해

2 evaluation [i:væljuéiʃən]
명 평가, 사정

3 perform [pərfɔ́:rm]
동 행하다, 수행하다, 공연[연기]하다

그 부장은 사무 **감독자**①로 **격하되었다**②.

☞ The manager has been downgraded to office supervisor.

1 supervisor [súːpərvàizər]
명 감독자, 관리자

2 downgrade [dáungrèid]
동 격하시키다, 떨어뜨리다

(보충 어휘) ◑ a site[field] supervisor : 현장 감독

우리는 **현장**①에서 **건설**②을 **감독해**③ 줄 사람이 필요하다.

☞ We need someone on site to oversee the construction.

1 site [sait]
명 위치, 장소, 현장, 사이트

2 construction [kənstrʌ́kʃən]
명 건설, 건조, 건축

3 oversee [òuvərsíː]
동 감독하다

(보충 어휘) ◑ on-site inspection : 현지 조사, 현장 검증

고용주들은 가장 최근의 **지위**①에 근거해서 **지원자**②들을 **평가 하는**③ 경향이 있다.

☞ Employers tend to evaluate applicants based on their most recent position.

1 position [pəzíʃən]
명 위치, 지위, 자리

2 applicant [ǽplikənt]
명 응모자, 지원자, 신청자

3 evaluate [ivǽljuèit]
동 평가하다, 가치를 검토하다

(보충 어휘) ◑ high ranking position : 고위직

그들의 **관계**①는 친구에서 **동료**②로 바뀌었다.

Their relationship changed from friends to colleagues.

1 relationship [riléiʃənʃip]
명 관계

2 colleague [kɑ́liːg]
명 동료

재능①과 힘든 일은 **성공**②을 가져다주고 **보상받아야**③ 한다.

Talent and hard work brings success and should be rewarded.

1 talent [tǽlənt]
명 재주, 재능

2 success [səksés]
명 성공, 성취

3 reward [riwɔ́ːrd]
동 보상[사례]하다 명 보상

한국에서는 사람들은 직업에 따라 "**화이트 칼라**①" 또는 "**불루 칼라**②"로 불린다.

In Korea, people are called "white collar" or "blue collar" depending on the job.

1 white collar [hwáit kɑ́lər]
명 사무직 종사자

2 blue collar [blúː kɑ́lər]
명 육체 노동자

그는 1997년에 **수습 사원**①으로 잉글랜드 은행에 **입사했다**②.

He joined the Bank of England in 1997 as a trainee.

1 trainee [treiníː]
명 수습 (사원), 신병, 교육을 받는 사람

2 join [dʒɔin]
동 가입[입사]하다, 연결하다, 함께 하다

비교적[1] 경험이 없는[2] 팀에게 그의 **경험**[3]은 매우 유용했다[4].

His experience with a relatively inexperienced team has been invaluable.

1 relatively [rélətivli]

뷰 비교적, ~에 비교하여

2 inexperienced [ìnikspíəriənst]

혤 경험이 부족한, 미숙한

3 experience [ikspíəriəns]

몡 경험, 체험

4 invaluable [invǽljuəbəl]

혤 매우 유용한, 귀중한

회계[1] **직업**[2]을 가진 여성들은 많은 **장애물**[3]에 직면한다.

Women in the accounting profession face many obstacles.

1 accounting [əkáuntiŋ]
명 회계 (업무)

2 profession [prəféʃən]
명 직업, 직종, 전문직, 종사자들

3 obstacle [ábstəkəl]
명 장애, 장애물

보충 어휘 ◑ accounting department : 경리부

그는 회계사[1]여서 나는 그의 **회계 업무**[2]에 대한 지식을 존중한다.

He is an accountant and I respect his knowledge of accountancy.

1 accountant [əkáuntənt]
명 회계사, 회계원

2 accountancy [əkáuntənsi]
명 회계직, 회계 업무

보충 어휘 ◑ certified public accountant : 공인회계사

차변[1] 잔액은 자산이고 **대변**[2] 잔고는 **부채**[3]이다.

Debit balances are assets, credit balances are liabilities.

1 debit [débit]
명 차변, 인출[출금]액

2 credit [krédit]
명 대변, 대변 기입액

3 liability [làiəbíləti]
명 부채, 법적 책임

보충 어휘 ◑ keep[do the] books : 장부를 기재하다, 기장하다

그 **입출금 내역서**◦는 수입과 지출을 **요약**◦한 것으로 **대차 대조표**◦가 아니다.

> The statement is an income and expenditure summary, not a balance sheet.

1 statement [stéitmənt]
명 입출금 내역서, 성명, 진술

2 summary [sʌ́məri]
명 요약, 개요

3 balance sheet [bǽləns ʃiːt]
명 대차 대조표

손익 분기점◦을 넘은 판매는 **이익**◦을 **나타내고**◦ 그 이하 판매는 **손실**◦을 나타낸다.

> Sales above the break-even point indicate a profit and sales below indicate a loss.

1 break-even point [bréikíːvən pɔ̀int]
명 손익 분기점

2 profit [prɑ́fit]
명 이익, 수익

3 indicate [índikèit]
통 나타내다, 보여 주다, 가리키다

4 loss [lɔːs]
명 손실, 손해

작년 같은 **기간**◦에 비해 그 회사는 350만 달러 **순익**◦을 올렸다고 **발표했다**◦.

> In the same period last year, the company posted net earnings of $3.5 million.

1 period [píəriəd]
명 기간, 시기

2 net earnings [net ə́ːrniŋz]
명 순익

3 post [poust]
통 발표하다, 게시[공고]하다, 발송하다

우리 회사의 **목표** ^①는 20%의 **운전비** ^② **절감** ^③을 하는 것이다.

> Our corporate objective is to secure a running cost reduction of 20 per cent.

1 objective [əbdʒéktiv]

명 목적, 목표 형 객관적인

2 running cost [rʌ́niŋ kɔːst]

명 운전비

3 reduction [ridʌ́kʃən]

명 감소, 절감

총비용 ^①은 **고정비** ^② 플러스 **변동비** ^③이다.

> Total cost is fixed cost plus variable cost.

1 total cost [tóutl kɔːst]

명 총원가, 총비용, 총생산비

2 fixed cost [fíkst kɔːst]

명 고정비, 고정 원가

3 variable cost [véəriəbəl kɔːst]

명 변동비, 변동 원가

보충 어휘 ◑ depreciation cost : 감가상각비

그들은 **비영업 부서** ^① **기능** ^②을 외부에 위탁해서 ^③ **간접비** ^④가 낮다.

> They tend to outsource back-office functions so their overheads are lower.

1 back-office [bækɔ́ːfis]

형 비영업 부서의

2 function [fʌ́ŋkʃən]

명 기능, 행사, 의식

3 outsource [àutsɔ́ːrs]

동 외부에 위탁하다

4 overheads [óuvərhèdz]

명 간접비

208

④ 생산

> 그 **공장**①들은 놀라운 **생산성**②을 기록해 왔다.

    The plants have had excellent records of productivity.

1 plant [plænt]
    몡 식물, 공장 통 심다

2 productivity [pròudʌktívəti]
    몡 생산성, 생산력

> 회사가 **자본**① **설비**②를 사거나 **공장**③을 다시 **짓는**④ 것은 투자이다.

    If a company buys capital equipment or rebuilds a factory, that is investment.

1 capital [kǽpitl]
    몡 자본, 수도, 대문자

2 equipment [ikwípmənt]
    몡 장비, 설비

3 factory [fǽktəri]
    몡 공장, 제조소

4 rebuild [ri:bíld]
    통 재건하다, 다시 짓다

> 그 서비스는 **월**①평균 약 99.9% **가동 시간**②을 보여서 아주 **안정적이다**③.

    The service is extremely stable at around 99.9% uptime on a monthly average.

1 monthly [mʌ́nθli]
    혱 매달의, 월 1회의 윈 매월, 다달이

2 uptime [ʌ́ptàim]
    몡 가동 시간

3 stable [stéibl]
    혱 안정된, 안정적인 몡 말 훈련소

기기①들은 고장도 나고 아주 빨리 **구식이 되어**② 버린다.

Gadgets break down and become outdated very quickly.

1 gadget [gǽdʒit]
명 도구, 장치, 기기

2 outdated [àutdéitid]
형 구식인

보충 어휘 ● latest : 최신의, 최근의
● high-tech gadget : 첨단 기기

상세한① 기기 **설명서**②는 지금 **준비**③ 중이다.

A detailed device specification is currently in preparation.

1 detailed [dí:teild]
형 상세한

2 specification [spèsəfikéiʃən]
명 설명서, 사양

3 preparation [prèpəréiʃən]
명 준비, 대비

보충 어휘 ● built-in : 붙박이의, 내장된
· *a mobile with a built-in camera* : 카메라가 내장되어 있는 핸드폰

그 상점은 **호화로운**① 상품과 **고급**② 브랜드의 **신상품들**③을 선보이게 될 것이다.

The shop will feature luxurious goods and collections of high-end brands.

1 luxurious [lʌgʒúəriəs]
형 사치스러운, 호화로운, 아주 편안한

2 high-end [haiend]
형 고급의

3 collection [kəlékʃən]
명 신상품들, 컬렉션, 수집품, 무리

보충 어휘 ● low-end : 값이 싼, 저가의

그들의 상품은 가격, **성능**[1], 기능면에서 **필요 조건**[2]을 충족시키고 있다.

Their products meet requirements for cost, performance, and function.

1 performance [pərfɔ́ːrməns]
명 성능, 수행, 공연, 연기, 실적

2 requirement [rikwáiərmənt]
명 필요, 필요 조건

안드로이드 새로운 **버전**[1]은 몇 가지 흥미로운 **특징**[2]들이 있다.

The new version of Android has some interesting new features.

1 version [vɔ́ːrʒən]
명 ~판, 형태, 버전

2 feature [fíːtʃər]
명 특색, 특징 동 특징으로 삼다

창조성[1]과 혁신이 서구 세계의 **특징**[2]이다.

Creativity and innovation are the hallmarks of the Western world.

1 creativity [krìːeitívəti]
명 창조성, 독창력

2 hallmark [hɔ́ːlmàːrk]
명 특징, 품질 보증 마크

전 직원에게 **능률**[1] 올리는 방법을 생각해 내는 **도전**[2] 기회가 주어졌다.

The entire staff was given the challenge of figuring out how to raise efficiency.

1 efficiency [ifíʃənsi]
명 효율, 능률

2 challenge [tʃǽlindʒ]
명 도전 동 도전하다

211

그 회사는 **와이퍼**[1] 에 **결함이 있어서**[2] 차들을 **회수했다**[3] .

The company recalled the cars because their windshield wipers were defective.

1 windshield wiper [wíndʃi:ld wàipər]

명 (자동차 앞창의) 유리 닦개[와이퍼] ▶ windshield : (자동차의) 앞 유리

2 defective [diféktiv]

형 결함이 있는, 하자가 있는

3 recall [rikɔ́:l]

동 회수[리콜]하다, 기억해 내다

우리 **물품 목록**[1] 에는 수많은 **품목**[2] 들이 있어 **가끔 있는**[3] 실수는 놀라운 것이 아니다.

We have a lot of items in our inventory so the odd error is not surprising.

1 inventory [ínvəntɔ̀:ri]

명 물품 목록, 재고

2 item [áitəm]

명 항목, 물품, 품목

3 odd [ɑd]

형 이상한, 특이한, 가끔의

chapter

11

science & technology

11 과학과 기술

일본은 **로봇 공학**①에 있어서 세계에서 **선두적인**② 나라들 중 하나이다.

☞ Japan is one of the leading nations in the world in robotics.

1 robotics [roubátiks]
몡 로봇 공학

2 leading [líːdiŋ]
혱 가장 중요한, 선두적인

그는 그 **화학적**① **현상**②들을 설명하기 위해 **양자**③ 이론을 이용했다.

☞ He had used quantum theory to explain the chemical phenomena.

1 chemical [kémikəl]
혱 화학의, 화학적인

2 phenomenon [fənámənàn]
몡 현상 (복수형은 phenomena)

3 quantum [kwántəm]
몡 양자

보충 어휘 ◑ quantum physics : 양자 물리학

그는 내가 **천체 물리학**①을 공부하고 있었을 때 내가 닮고 싶은 **물리학자**②들 중 한 명이었다.

☞ He was one of the physicists I wanted to be like when I was studying astrophysics.

1 astrophysics [æ̀stroufíziks]
몡 천체 물리학

2 physicist [fízisist]
몡 물리학자

항공우주 산업^①은 매력적^②이고 성장하는^③ 산업 부문이다.

☞ Aerospace is an attractive and growing industrial sector.

1 aerospace [ɛ́ərouspèis]
명 항공우주 산업

2 attractive [ətrǽktiv]
형 매력적인, 사람의 마음을 끄는

3 growing [gróuiŋ]
형 성장하는, 자라는

금요일 오전에 **우주**^① **왕복선**^②이 우주 **정거장**^③에서 **분리되었다**^④.

☞ The space shuttle undocked from the space station Friday morning.

1 space [speis]
명 우주, 공간, 장소

2 shuttle [ʃʌ́tl]
명 정기 왕복 항공기[버스]

3 station [stéiʃən]
명 정거장, 역

4 undock [ʌndɑ́k]
동 도킹 스테이션에서 분리하다

우주^①의 **기원**^②에 관한 **논쟁**^③은 **분명히**^④ 계속될 것이다.

☞ The argument about the origin of the universe will definitely continue.

1 universe [júːnəvèrs]
명 은하계, 우주

2 origin [ɔ́ːrədʒin]
명 기원, 근원, 출신

3 argument [ɑ́ːrgjəmənt]
명 논쟁, 언쟁, 논거

4 definitely [défənitli]
부 분명히, 틀림없이

보충 어휘 ◐ the evolution of the universe : 우주의 진화

215

> **우주**①의 크기와 나이는 **평범한**② 인간이 **이해**③할 수 없는 것이다.

　　The size and age of the Cosmos are beyond ordinary human understanding.

1 cosmos [kάzməs]
　명 우주

2 ordinary [ɔ́ːrdənèri]
　형 보통의, 평범한

3 understanding [ʌ̀ndərstǽndiŋ]
　명 이해, 깨달음

> 때때로 **우주선**①의 공기는 **우주 비행사**②들을 **병이 나게**③ 하기도 한다.

　　Sometimes the atmosphere of the spacecraft can sicken astronauts.

1 spacecraft [spéiskræft]
　명 우주선

2 astronaut [ǽstrənɔ̀ːt]
　명 우주 비행사

3 sicken [síkən]
　통 병이 나다, 역겹게 만들다

[보충 어휘] ❶ manned[unmanned] spacecraft : 유인[무인] 우주선

> 그 **탐사선**①은 첫 번째 **달의**② **표면**③ 사진을 보내 왔다.

　　The probe sent back its first pictures of the lunar surface.

1 probe [proub]
　명 탐사선, 탐침, 조사　통 조사하다

2 lunar [lúːnər]
　형 달의

3 surface [sə́ːrfis]
　명 표면, 지면, 수면

인류①는 우주 **탐험②**의 꿈을 포기하지 않을 것이다.

☞ Mankind will not give up the dream of space exploration.

1 mankind [mǽnkáind]
명 인류, 인간

2 exploration [èkspləréiʃən]
명 탐사, 탐험, 답사

보충 어휘 ◑ antarctic exploration : 남극 탐험

태양계①는 태양의 **궤도를 돌고②** 있는 9개의 **행성③**으로 되어 있다.

☞ The solar system consists of nine planets which all orbit the sun.

1 solar system [sóulər sistəm]
명 태양계 ▶ solar : 태양의

2 orbit [ɔ́ːrbit]
통 궤도를 돌다 명 궤도

3 planet [plǽnit]
명 행성

보충 어휘 ◑ orbit motion : 공전 운동

화성① 표면의 **중력②**의 힘은 **지구③** 중력의 약 3분의 1 정도이다.

☞ The force of gravity on the surface of Mars is about one-third of that on Earth.

1 Mars [mɑːrz]
명 화성

2 gravity [grǽvəti]
명 중력, 심각성, 중대성

3 earth [əːrθ]
명 지구, 땅, 흙

보충 어휘 ◑ zero gravity : 무중력 (상태)

217

일식①은 달이 태양 앞으로 움직일 때 **일어난다②**.

Solar eclipses occur when the moon moves in front of the sun.

1 eclipse [iklíps]
명 (해 · 달의) 식

2 occur [əkə́:r]
동 일어나다, 생기다

보충 어휘 ◑ lunar eclipse : 월식

은하① 충돌②은 우주에서 흔히 **발생③**하는 것이다.

Galaxy collisions are a common occurrence in the universe.

1 galaxy [gǽləksi]
명 은하, 은하계, 은하수

2 collision [kəlíʒən]
명 충돌

3 occurrence [əkə́:rəns]
명 발생, 일어남

보충 어휘 ◑ Milky Way : 은하, 은하계, 은하수

금성①은 반대 방향으로② **회전해서③** 태양이 서쪽에서 뜨고 동쪽으로 진다.

Venus rotates backwards, so the Sun rises in the west and sets in the east.

1 Venus [víːnəs]
명 금성

2 backwards [bǽkwərdz]
부 거꾸로, 반대 방향으로, 뒤로

3 rotate [róuteit]
동 회전하다, 교대하다

보충 어휘 ◑ rotation : 회전, 자전, 교대
◑ revolution : 공전, 혁명

목성①은 지구의 하늘에서 4번째로 밝은 **물체**②이다.

☞ Jupiter is the fourth brightest object in Earth's sky.

1 Jupiter [dʒú:pətər]
몡 목성

2 object [ábdʒikt]
몡 물건, 물체

[보충 어휘] ◗ Unidentified Flying Object : 미확인 비행 물체(UFO)

토성①을 **둘러싼**② **고리**③들은 태양계에서 가장 **인상적인**④ 특징 중 하나이다.

☞ The rings encircling Saturn are one of the most dramatic features of the solar system.

1 Saturn [sǽtə:rn]
몡 토성

2 encircle [insə́:rkl]
됭 둘러싸다, 에워싸다

3 ring [riŋ]
몡 고리, 반지

4 dramatic [drəmǽtik]
혱 극적인, 감격적인, 인상적인

[보충 어휘] ◗ dramatic results : 극적인 결과

천왕성①과 **해왕성**②은 대부분의 **면**③에서 아주 비슷하다.

☞ Uranus and Neptune are very alike in most aspects.

1 Uranus [jùərənəs]
몡 천왕성

2 Neptune [néptju:n]
몡 해왕성

3 aspect [ǽspekt]
몡 면, 측면

[보충 어휘] ◗ take on a new aspect : 새 국면에 접어들다

> **수성**^①의 **지름**^②은 4,878km로 지구 크기의 약 3분의 1이다.

☞ The diameter of Mercury is 4,878km, which is about one-third of the size of earth.

1 Mercury [mə́:rkjəri]
图 수성

2 diameter [daiǽmitər]
图 직경, 지름, 배율

> 어떤 **천문학자**^①들은 **명왕성**^②이 **엄밀히 말해**^③ 행성인지 의문을 가지고 있다.

☞ Some astronomers question whether Pluto is technically a planet.

1 astronomer [əstrάnəmər]
图 천문학자

2 Pluto [plú:tou]
图 명왕성

3 technically [téknikəli]
图 엄밀히 말하면, 기술적으로

> 허블 우주 **망원경**^①은 이제까지 **고안된**^② 역대 최고의 **천문**^③ **관측대**^④이다.

☞ The Hubble space telescope is the greatest astronomical observatory ever devised.

1 telescope [téləskòup]
图 망원경

2 devise [diváiz]
图 궁리하다, 고안하다, 발명하다

3 astronomical [æ̀strənάmikəl]
图 천문학의, 천문학적인

4 observatory [əbzə́:rvətɔ̀:ri]
图 관측소, 천문대, 기상대

보충 어휘 ◑ a seismological observatory : 지진 관측소

대부분의 **혜성**[1] 과 **소행성**[2] 은 지구로 올 것에 대비해 **추적 관찰된다**[3] .

☞ Most comets and asteroids are monitored in case they start to travel towards earth.

1 comet [kámit]
 몡 혜성

2 asteroid [ǽstərɔ̀id]
 몡 소행성

3 monitor [mánitər]
 동 추적 관찰하다, 모니터하다

운석[1] 들은 지구 표면에 부딪친 **유성**[2] 들의 한 부분이다.

☞ Meteorites are part of meteors that have hit the earth's surface.

1 meteorite [mí:tiəràit]
 몡 운석

2 meteor [mí:tiər]
 몡 유성, 별똥별

보충 어휘 ◑ a meteor shower : 유성우

아랍어[1] 에서 **이름을 따온**[2] 베텔게우스는 오리온 **별자리**[3] 에서 쉽게 볼 수 있다.

☞ Betelgeuse, whose name derives from Arabic, is easily visible in the constellation of Orion.

1 Arabic [ǽrəbik]
 몡 아랍어 혱 아랍어의

2 derive [diráiv]
 동 ~에서 나오다[비롯되다], 얻다

3 constellation [kɑ̀nstəléiʃən]
 몡 별자리, 성좌

어떤 **유전자**[1] 쌍은 하나의 **우성**[2] 유전자와 하나의 **열성**[3] 유전자로 이루어질 수 있다.

☞ Some gene pairs can be made up of one dominant gene and one recessive gene.

1 gene [ʤi:n]
평 유전자

2 dominant [dάmənənt]
형 우세한, 지배적인, 우성의

3 recessive [risésiv]
형 열성의

돌연변이[1]는 유기체[2]의 유전적[3] 물질[4]이 변화하여 발생하는 것이다.

☞ A mutation is a change in an organism's genetic material.

1 mutation [mju:téiʃən]
명 돌연변이, 변화, 변형

2 organism [ɔ́:rgənìzəm]
명 유기체, 생물(체)

3 genetic [ʤinétik]
형 유전의, 유전학의

4 material [mətíəriəl]
명 물질, 재료, 직물 형 물질적인

면역[1] 체계의 한 주요 **세포**[2]는 백혈구[3]이다.

☞ One main cell of the immune system is the white blood cell.

1 immune [imjú:n]
형 면역성이 있는

2 cell [sel]
명 세포, 칸, 감방

3 white blood cell [hwait blʌd sel]
명 백혈구

만약 Y **염색체**[1]가 발견된다면 **태아**[2]는 남아이다.

☞ If the Y chromosome is detected, the fetus is a boy.

1 chromosome [króuməsòum]
명 염색체

2 fetus [fíːtəs]
명 태아

많은 식물들이 **조직**[1] **배양**[2] 기술에 의해 **복제되어**[3] 상업적으로 팔리고 있다.

☞ Many plants are cloned by tissue culture techniques and sold commercially.

1 tissue [tíʃuː]
명 조직, 화장지, 얇은 종이

2 culture [kʌ́ltʃər]
명 문화, 재배, 배양 동 배양하다

3 clone [kloun]
명 클론, 복제 동 복제하다

그녀는 두 살 때 **줄기**[1] 세포 **이식**[2]을 받았다.

☞ She had a stem cell transplant at the age of two.

1 stem [stem]
명 줄기, 대

2 transplant [trænsplǽnt]
명 이식 동 이식하다, 옮겨 심다

배아[1] 복제는 여러 **종**[2]의 동물들에게서 실시되어 왔다.

☞ Embryo cloning has been carried out on many species of animals.

1 embryo [émbriòu]
명 배아

2 species [spíːʃiːz]
명 종(種)

223

정보① 기술 장비의 성장은 아주 **인상적**②이었다.

☞ The growth in information technology equipment has been especially impressive.

1 information [ìnfərméiʃən]
형 정보

2 impressive [imprésiv]
형 인상적인, 감동을 주는

그들은 아주 새로운 **전국적인**① **고속**② **통신망**③을 만들고 있다.

☞ They are creating an entirely new nationwide high-speed communications network.

1 nationwide [néiʃənwàid]
형 전국적인

2 high-speed [haispi:d]
형 고속의

3 communications network [kəmjù:nəkéiʃənz nétwə̀:rk]
형 통신망 ▶ communication : 의사소통, 연락, 통신

보충 어휘 ◑ mass communication : 매스컴, (신문 · 라디오 · TV 등에 의한) 대중 전달

무선① 네트워크는 결코 **유선**② 네트워크의 성능과 필적할 수 없다.

☞ Wireless networks can never match the power of wired networks.

1 wireless [wáiə:rlis]
형 무선의 명 무선

2 wired [waiə:rd]
형 유선의, 컴퓨터 시스템에 연결된

보충 어휘 ◑ a wireless microphone : 무선 마이크

모뎀은 전화**선**[1]을 통해서 데이터를 **전송시킨다**[2].

Modems allow data to be transmitted through telephone wires.

1 wire [waiə:r]
철사, 전선, 선 전선을 연결하다

2 transmit [trænsmít]
전송하다, 송신하다

광섬유[1]는 데이터 **전송**[2] 속도와 질을 향상시키고 있다.

Fiber optics is improving the quality and speed of data transmission.

1 fiber optics [fáibər áptiks]
광섬유, 섬유 광학

2 transmission [trænsmíʃən]
전파, 전송, 송신

보내지는 데이터의 양에 따라 **패킷**[1]의 크기도 **서로 다르다**[2].

The packet size varies, depending on the amount of data that is being sent.

1 packet [pǽkit]
패킷 (한 단위로 전송되는 데이터)

2 vary [vέəri]
서로 다르다, 달라지다

주파수[1]의 **할당**[2]은 처음에 보기보다 훨씬 더 **복잡하다**[3].

The allocation of frequencies is far more complicated than it appears at first sight.

1 frequency [frí:kwənsi]
주파수, 빈도

2 allocation [æ̀ləkéiʃən]
할당, 배당, 배치

3 complicated [kámplikèitid]
복잡한, 까다로운

225

어떤 사람들은 **적외선**[1] 또는 **전파**[2]를 통해 무선으로 **통신한다**[3].

⬛ Some people communicate wirelessly, via infrared or radio wave.

1 infrared [ìnfrəréd]
형 적외선의

2 radio wave [réidiò weiv]
명 전파

3 communicate [kəmjúːnəkèit]
동 통신하다, 연락을 주고받다, 의사소통을 하다

전화[1]는 알렉산더 그레이엄 벨에 의해 **발명되었다**[2].

⬛ The telephone was invented by Alexander Graham Bell.

1 telephone [téləfòun]
명 전화 동 전화를 걸다

2 invent [invént]
동 발명하다

그녀는 **수화기**[1]를 들고 즉시 911로 **전화를 걸었다**[2].

⬛ She picked up the receiver and immediately dialled 911.

1 receiver [risíːvər]
명 수화기, 수신기, 받는 사람

2 dial [dáiəl]
동 전화를 걸다 명 다이얼

그 **전화 교환원**[1]은 그 전화들이 **장난**[2]이라고 생각했다.

⬛ The operator thought the calls were a hoax.

1 operator [ápərèitər]
명 전화 교환원, 조작[운전]하는 사람

2 hoax [houks]
명 거짓말, 장난질

보충 어휘 ◗ telephone directory : 전화번호부
◗ area code : 지역 번호

226

그들은 동료들과 **연락하기**[1] 위해 짧은 **내부**[2] **내선**[3]번호를 이용한다.

☞ They use short internal extension numbers to contact colleagues.

1 contact [kántækt]
통 연락하다 명 연락, 접촉

2 internal [intə́:rnl]
형 내부의, 국내의

3 extension [iksténʃən]
명 내선, 구내전화, 확대, 연장

보충 어휘 ◑ external : 외부의, 밖의, 외국의

전화 거는 방식은 다이얼을 **돌리는**[1] 방식과 **누름 단추식**[2] 두 형태가 있다.

☞ There are two types of dialing systems; the rotary dial, and the Touch-Tone.

1 rotary [róutəri]
형 회전식의, 회전하는

2 touch-tone [tʌ́tʃtoun]
형 누름 단추식의, 터치톤식의

보충 어휘 ◑ pay phone : 공중 전화

전화[1]에 **잡음**[2]이 너무 많다.

☞ There's too much static on the line.

1 line [lain]
명 전화선, 전화

2 static [stǽtik]
명 잡음 형 고정된, 고정적인

보충 어휘 ◑ hot line : 긴급 직통 전화
◑ busy signal : 통화 중 신호

수신자 요금 지불 통화[1]**는 시내 통화**[2]**보다 더 비싸다.**

A collect call is more expensive than a local call.

1 collect call [kəlékt kɔːl]
명 수신인 요금 지불 통화

2 local call [lóukəl kɔːl]
명 시내 통화

보충 어휘 ◑ long-distance call : 장거리 전화

주문서들은 이메일, 무료[1] **전화번호, 또는 팩스로 제출된다**[2]**.**

Orders can be submitted by e-mail, toll-free number or fax.

1 toll-free [toulfriː]
형 무료의

2 submit [səbmít]
동 제출하다, 항복[굴복]하다

이동 전화[1] **시스템은 많은 수의 기지국**[2]**들을 필요로 한다.**

A mobile phone system requires a large number of base stations.

1 mobile phone [móubəl foun]
명 이동 전화, 휴대 전화

2 base station [beis stéifən]
명 기지국

사람들은 일반 전화[1]**보다 휴대 전화**[2]**를 선호한다**[3]**.**

People prefer to have cellular phones over landline phones.

1 landline phone [lǽndlàin foun]
명 일반 전화

2 cellular phone [séljələr foun]
명 휴대 전화

3 prefer [prifə́ːr]
동 선호하다, (더) 좋아하다

228

> **사실**① 요즘 나오는 모든 휴대폰은 **진동**② **모드**③가 있다.

　Virtually all mobile phones these days have a vibration mode.

1 virtually [vә́ːrtʃuəli]
　⑨ 사실상, 거의, 가상으로

2 vibration [vaibréiʃən]
　⑲ 진동, 떨림

3 mode [moud]
　⑲ 방식, 모드

> 많은 사람들이 **스팸**① **문자 메시지**②에 **애를 먹고**③ 있다.

　A lot of people are troubled by spam text messages.

1 spam [spæm]
　⑲ 스팸 (무작위로 보내는 메일이나 메시지)

2 text message [tékst mèsidʒ]
　⑲ 문자, 문자 메시지

3 trouble [trʌ́bəl]
　⑧ 괴롭히다, 애 먹이다 　⑲ 문제, 곤란

> **신형**① **전화기**②는 이전 **모델**③보다 **얇고**④ GPS를 **내장했다는**⑤ 특징이 있다.

　The new-look handset is thinner than its predecessor and features built-in GPS.

1 new-look [njuːluk]
　⑱ 신형의, 새로운 유행의

2 handset [hǽndsèt]
　⑲ 수화기, 전화기, 리모컨

3 predecessor [prédәsèsәr]
　⑲ 이전 모델[것], 전임자

4 thin [θin]
　⑱ 얇은, 가는, 묽은

5 built-in [biltin]
　⑱ 붙박이의, 내장된

데이터는 컴퓨터 **하드웨어**[1]에 의해 유익한 정보로 **처리된다**[2].

Data is processed into useful information by the computer hardware.

1 hardware [hάːrdwὲər]
명 하드웨어, 장비, 철물

2 process [práses]
동 처리[가공]하다 명 과정, 절차

오늘날 대부분의 **오픈 소스**[1] **소프트웨어**[2]가 **전매**[3] 소프트웨어를 **능가하고**[4] 있다.

Today, most open source software outperforms proprietary software.

1 open source [óupən sɔːrs]
명 오픈 소스 (소스 코드를 공개하는 것)

2 software [sɔ́ːftwὲər]
명 소프트웨어

3 proprietary [prəpráiətèri]
형 등록[전매] 상표가 붙은

4 outperform [autpərfɔ́ːrm]
동 능가하다

만약 **주변 장치**[1]가 **무작위로**[2] 켜진다면 즉시 **스파이웨어**[3] **정밀 검사**[4]를 하세요.

If peripherals turn on randomly, do a spyware scan immediately.

1 peripheral [pərífərəl]
명 주변 장치 형 주위의, 주변의

2 randomly [rǽndəmli]
부 무작위로

3 spyware [spáiwὲər]
명 스파이웨어

4 scan [skæn]
명 정밀 검사 동 살피다, 조사하다

나는 내 **노트북**⁰을 새 **데스크톱**@ 컴퓨터로 교체했다.

☞ I have replaced my laptop with a new desktop PC.

1 laptop [læptɑ̀p]
명 휴대용[노트북] 컴퓨터

2 desktop [désktɑ̀p]
명 데스크톱 컴퓨터, 탁상 형 탁상용의

보충 어휘 ◑ desktop publishing : 탁상[전자] 출판 (DTP)

윈도우 XP에서 비스타로 **전환**⁰은 **호환성**@ 문제 때문에 **시달림 을 받았다**@.

☞ The switch from Windows XP to Vista was beset by compatibility issues.

1 switch [switʃ]
명 전환, 스위치 동 전환하다

2 compatibility [kəmpæ̀təbíləti]
명 호환성, 양립성

3 beset [bisét]
동 괴롭히다, 시달리다

보충 어휘 ◑ compatible : 호환이 되는

나는 USB 하나가 있는데 **알 수 없는**⁰ 이유로 PC에서 **인식이 되지**@ 않는다.

☞ I have one USB key that the PC refuses to recognize for some unknown reason.

1 unknown [ʌnnóun]
형 알려지지 않은, 무명의

2 recognize [rékəgnàiz]
동 알아보다, 인정하다, 인식하다

보충 어휘 ◑ plug and play : 꼽자마자 바로 이용할 수 있는 것

태블릿[1] 컴퓨터는 **틈새**[2] 상품 중에서도 가장 **틈새**적이다.

Tablet computers are the nichest of niche products.

1 tablet [tǽblit]
명 평판, 명판, 정제, 태블릿

2 niche [nitʃ]
명 틈새, 꼭 맞는 자리

그 **입력**[1] 장치는 데이터를 **이진법**[2] 형태로 전환한다.

The input device converts the data into binary form.

1 input [ínpùt]
명 입력, 투입 동 입력하다

2 binary [báinəri]
형 2진법의

환경 설정[1]은 DHCP 서버를 통해서 **자동으로**[2] 또는 **수동으로**[3] 이루어질 수 있다.

The configuration may be done automatically, through a DHCP server, or manually.

1 configuration [kənfìgjəréiʃən]
명 배열, 배치, 환경 설정

2 automatically [ɔ̀:təmǽtikəli]
부 자동적으로, 기계적으로

3 manually [mǽnjuəli]
부 수동으로, 손으로

윈도우즈가 진정한 **다중 작업**[1] **능력**[2]을 얻는 데에는 수년이 걸렸다.

It took Windows years to get the true multitasking capabilities.

1 multitasking [mʌ̀ltitǽskiŋ]
명 다중 작업[처리]

2 capability [kèipəbíləti]
명 능력, 역량

컴퓨터에서 가장 많이 발생하는 **고장**❶ **부품**❷은 디스크 드라이브다.

The number one malfunction component of computers is disk drives.

1 malfunction [mælfʌ́ŋkʃən]
몡 고장, 기능 부전

2 component [kəmpóunənt]
몡 요소, 부품

마이크로소프트가 개인용 컴퓨터의 **운영 체제**❶를 **지배하고**❷ 있다.

Microsoft dominates the personal computer's operating system.

1 operating system [ápərèitiŋ sístəm]
몡 운영 체제

2 dominate [dámənèit]
통 지배하다, 군림하다

보충 어휘 ◑ install : 설치하다, 설비하다

사용자❶들은 사용자 ID가 **진짜임을 증명하는**❷ 장치에 스마트카드를 **삽입한다**❸.

Users insert a SmartCard into the device which authenticates the user's ID.

1 user [júːzər]
몡 사용자, 소비자

2 authenticate [ɔːθéntikèit]
통 진짜임을 증명하다

3 insert [insə́ːrt]
통 끼워 넣다, 삽입하다

233

인터넷 **접속**[1]을 하려면 **인증**[2]이 필요하다.

Internet connection is required for authentication.

1 connection [kənékʃən]
명 연결, 접속, 관련성

2 authentication [ɔ:θèntikéiʃən]
명 입증, 증명, 인증

이 웹사이트의 보안 **인증서**[1]가 **취소되었다**[2].

This website's security certificate has been revoked.

1 certificate [sərtífəkit]
명 증명서, 인증서, 자격증

2 revoke [rivóuk]
동 폐지하다, 취소하다

우리의 가장 **민감한**[1] 정보는 더욱 **안전한**[2] **방화벽**[3]에 의해 보관될 것이다.

Our most sensitive information will be kept behind a more secure fire wall.

1 sensitive [sénsətiv]
형 민감한, 예민한

2 secure [sikjúər]
형 안전한, 확실한

3 fire wall [faiər wɔ:l]
명 방화벽

등록된[1] 사용자들은 전체 글을 보기 위해서는 **로그인해야**[2] 한다.

Registered users should log in to view the full essay.

1 registered [rédʒəstərd]
형 등록한, 기명의, 등기의

2 log in [lɔ:g in]
동 로그인하다 (= log on)

보충 어휘 ◑ log out : 로그아웃하다

고화질[1] DVD는 **보통의**[2] DVD보다 더 많은 **저장**[3] **용량**[4]을 가지고 있다.

High-definition DVDs have more storage capacity than normal DVDs.

1 high-definition [haidèfəníʃən]
형 고화질의

2 normal [nɔ́:rməl]
형 보통의, 평범한

3 storage [stɔ́:ridʒ]
명 저장, 보관

4 capacity [kəpǽsəti]
명 용량, 수용력, 능력

월요일에 우루무치에서는 인터넷 **접속**[1]이 **차단되거나**[2] 평소와 **달리**[3] 느려졌다.

Internet access was blocked or unusually slow in Urumqi on Monday.

1 access [ǽkses]
명 접근, 접속 동 접속[접근]하다

2 block [blɑk]
동 막다, 차단하다 명 방해, 차단

3 unusually [ʌnjúːʒuəli]
부 평소와 달리, 특이하게, 대단히

우리는 신문, 라디오, TV 그리고 **방대한**[1] 사이버 **공간**[2]의 바다에서 **표류하고**[3] 있다.

We are adrift in a sea of newspapers, radio, TV and limitless cyberspace.

1 limitless [límitlis]
형 무한의, 방대한, 무제한의

2 cyberspace [sáibərspèis]
명 사이버 공간

3 adrift [ədríft]
형 표류하는, 방황하는

인터넷 사용자들은 더 많은 **사생활**[1]과 **익명성**[2]을 기대하고 있다.

> Internet users have come to expect more privacy and anonymity.

1 privacy [práivəsi]
圏 사생활, 프라이버시

2 anonymity [ænəníməti]
圏 익명, 익명성

세계에서 **사랑받는**[1] **검색**[2] 엔진인 구글은 더욱더 **강력해지고**[3] 있다.

> Google, the world's favorite search engine, just gets more and more powerful.

1 favorite [féivərit]
圏 마음에 드는, 매우 좋아하는

2 search [sə:rtʃ]
圏 검색, 찾기 圐 찾아보다, 검색하다

3 powerful [páuərfəl]
圏 강력한, 영향력 있는

오늘날 인터넷 **대화**[1]방의 **예절**[2]은 여전히 논쟁 중이다.

> The decency of chat rooms are still being disputed today.

1 chat [tʃæt]
圏 담소, 수다 圐 대화[채팅]하다

2 decency [dí:snsi]
圏 체면, 품위, 예절

전자 상거래[1]는 오늘날의 상품 **시장**[2]에서 가장 큰 흐름이다.

> E-commerce is the biggest trend in today's marketplace.

1 e-commerce [í:kàmərs]
圏 전자 상거래

2 marketplace [má:rkitplèis]
圏 시장, 장터

chapter

12

environment & energy

환경①을 보호하는② 가장 좋은 방법은 보존③이다.

The best way to protect the environment is conservation.

1 environment [inváiərənmənt]
명 환경

2 protect [prətékt]
동 보호하다, 지키다

3 conservation [kànsərvéiʃən]
명 보호, 관리, 보존

산성비①는 세계의 호수②, 공기, 그리고 생태계③를 파괴하고④ 있다.

Acid rain is destroying the world's lakes, air and ecosystem.

1 acid rain [ǽsid rein]
명 산성비 ▶ acid : 산성의

2 lake [leik]
명 호수

3 ecosystem [í:kousìstəm]
명 생태계

4 destroy [distrɔ́i]
동 파괴하다, 부수다

미처리 하수①나 다른 오염 물질②이 종종 홍수로 불어난 물③을 오염시킨다④.

Raw sewage or other pollutants often contaminate floodwater.

1 sewage [súːidʒ]
명 하수, 오물

2 pollutant [pəlúːtənt]
명 오염 물질

3 floodwater [flʌ́dwɔ̀ːtər]
명 홍수로 인한 물

4 contaminate [kəntǽmənèit]
동 더럽히다, 오염시키다

> 수질 **오염**[1]의 다른 주요 원인은 산업 **폐기물**[2]이다.

☞ The other main cause of water pollution is industrial waste.

1 pollution [pəlúːʃən]
뗑 오염, 공해

2 waste [weist]
뗑 낭비, 쓰레기, 폐기물

보충 어휘 ❶ bacterial pollution : 세균에 의한 오염

> 그 화학 물질은 **유독**[1] 물질[2]로 **분류되고**[3] 있다.

☞ The chemical is classified as a toxic substance.

1 toxic [táksik]
뗑 유독성의, 중독(성)의

2 substance [sʌ́bstəns]
뗑 물질, 실체

3 classify [klǽsəfài]
뗑 분류하다, 구분하다

보충 어휘 ❶ toxic smoke : 유독 가스

> 그 SUV는 **기름**[1]을 더 소비하고 대기에 **이산화탄소**[2]를 **내뿜는다**[3].

☞ The SUV consumes more gas and emits carbon dioxide in the atmosphere.

1 gas [gæs]
뗑 기체, 가스, 가솔린

2 carbon dioxide [káːrbən daiáksaid]
뗑 이산화탄소

3 emit [imít]
뗑 내다, 내뿜다

보충 어휘 ❶ gas station : 주유소

239

스모그①는 자동차와 난방 장치에서 나오는 **유독 가스**②에 의해 생성된다.

Smog is created by fumes from cars and heat.

1 smog [smɑg]
명 스모그, 연무

2 fumes [fju:mz]
명 (유독) 가스, 매연

공기 중의 **흙**①과 **먼지**② 때문에 모든 것이 그냥 회색빛이었다.

Everything was just gray because of the mud and dust in the air.

1 mud [mʌd]
명 진흙, 진창

2 dust [dʌst]
명 먼지, 티끌

인류의 **생존**①은 정말 **오존층**②에 달려 있다③.

The survival of the human race is really dependent upon the ozone layer.

1 survival [sərváivəl]
명 살아 남음, 생존

2 ozone layer [óuzoun léiər]
명 오존층 ▶ layer : 막, 층

3 dependent [dipéndənt]
형 의존[의지]하는, 달려 있는

온실① 효과와 **지구 온난화**②는 심각한 환경 문제이다.

The greenhouse effect and global warming is a serious environmental problem.

1 greenhouse [grí:nhàus]
명 온실

2 global warming [glóubəl wɔ́:rmiŋ]
명 지구 온난화

적조①는 해양② 생물에게 치명적인③ 편모류④의 꽃⑤이다.

☞ A red tide is a bloom of flagellates which are deadly to marine life.

1 red tide [red taid]
명 적조

2 marine [məríːn]
형 바다의, 해양의

3 deadly [dédli]
형 생명을 앗아가는, 치명적인

4 flagellates [flǽdʒəlèits]
명 편모류

5 bloom [bluːm]
명 꽃 동 꽃을 피우다

비록 기름 유출①은 드물게② 일어나지만 그 결과③들은 끔찍하다④.

☞ Although oil spills are rare, their consequences are horrific.

1 spill [spil]
명 유출 동 흘리다, 쏟다

2 rare [rɛər]
형 드문, 진기한, 살짝 익힌

3 consequence [kánsikwèns]
명 결과, 결말, 중요함

4 horrific [hɔːrífik]
형 끔찍한, 무시무시한

재활용①은 자재들을 재사용하는② 데 유용한 방법③이다.

☞ Recycling is a useful method of reusing materials.

1 recycling [rìːsáikliŋ]
명 재활용, 재생 이용

2 reuse [riːjúːz]
동 재사용하다, 재생하다

3 method [méθəd]
명 방법, 방식

대부분의 우리 **쓰레기**[●]는 **쓰레기 매립지**[●]나 **소각로**[●]에서 처리되는 것 같다.

ɪ/ Most of our garbage is likely to end up in a landfill or at an incinerator center.

1 garbage [gɑ́:rbidʒ]
명 쓰레기

2 landfill [lǽndfil]
명 쓰레기 매립지

3 incinerator [insínərèitər]
명 소각로

보충 어휘 ◑ incinerate the trash : 쓰레기를 소각하다

그들은 쓰레기를 강과 **개울**[●]에 **버렸다**[●].

ɪ/ They dumped waste into rivers and streams.

1 stream [stri:m]
명 시내, 개울, 흐름

2 dump [dʌmp]
동 버리다 명 폐기장

보충 어휘 ◑ a toxic waste dump : 유독 폐기물 폐기장

어떤 **환경 운동가**[●]들은 **일회용품**[●]을 **단호하게**[●] 반대한다.

ɪ/ Some environmentalists come out firmly against disposables.

1 environmentalist [invàiərənméntəlist]
명 환경 운동가

2 disposable [dispóuzəbəl]
형 일회용의, 사용 후 버리게 되어 있는

3 firmly [fə́:rmli]
부 굳게, 견고하게, 단호하게

유럽은 쓰레기 **처리**[0] 과정을 **엄격하게**[2] 집행하고 있다.

Europe have strictly enforced waste treatment processes.

1 treatment [trí:tmənt]
명 대우, 처리, 치료, 처치

2 strictly [stríktli]
부 엄격히, 엄하게

그 쓰레기는 **철저한**[0] **분해**[2]를 하기 위해 **간격**[3]을 두고 기계에 의해 뒤집혀 진다.

The waste is turned over by machine at intervals to ensure thorough decomposition.

1 thorough [θə́:rou]
형 철저한, 빈틈없는

2 decomposition [dì:kɑmpəzíʃən]
명 분해, 해체

3 interval [íntərvəl]
명 간격, 거리, 틈

몬순[●]이라고 불리는 **계절풍**^❷은 일본의 **기후**^❸에 영향을 끼친다.

Seasonal winds called monsoons affect Japan's climate.

1 monsoon [mɑnsúːn]
명 우기, 장마, 계절풍, 몬순

2 seasonal wind [síːzənəl wind]
명 계절풍

3 climate [kláimit]
명 기후

보충 어휘 ◐ a warm climate : 온난한 기후

온도[●]와 **강우량**^❷의 변화는 **숲**^❸의 구성요소들을 변화시킬 것이다.

Change in temperature and rainfall will change composition of the forest.

1 temperature [témpərətʃuər]
명 온도, 기온, 체온

2 rainfall [réinfɔːl]
명 강우, 강우량

3 forest [fɔ́ːrist]
명 숲, 산림

보충 어휘 ◐ a heavy rainfall : 심하게 내리는 비

기후가 **온화하고**[●] 아주 **포근하다**^❷.

The climate is temperate and pretty mild.

1 temperate [témpərit]
형 온화한, 차분한

2 mild [maild]
형 온화한, 포근한, 순한, 약한

보충 어휘 ◐ temperate zone : 온대

244

사하라 사막은 **가물고**[1] **건조한**[2] 기후이고 **열대지방**[3]은 비가 **많고**[4] **따뜻한**[5] 기후이다.

The Sahara has a dry, arid climate, the tropics a wet and warm climate.

1 dry [drai]
 혱 마른, 건조한, 가문

2 arid [ǽrid]
 혱 매우 건조한

3 tropic [trάpik]
 몡 열대 (지방), 회귀선

4 wet [wet]
 혱 젖은, 비가 오는, 궂은

5 warm [wɔːrm]
 혱 따뜻한, 온난한

뎅기열 바이러스는 전 세계적으로 **열대**[1]와 **아열대**[2] **지역**[3]에서 발견된다.

The dengue virus is found in tropical and subtropical regions worldwide.

1 tropical [trάpikəl]
 혱 열대(지방)의, 몹시 더운

2 subtropical [sʌbtrάpikəl]
 혱 아열대의

3 region [ríːdʒən]
 몡 지방, 지역

지구가 따뜻해짐에 따라 **극지방의**[1] **빙원**[2]이 **녹기**[3] 시작할 것이다.

As the Earth warms up, the polar ice caps will start to melt.

1 polar [póulər]
 혱 북극[남극]의, 극지의

2 ice cap [ais kæp]
 몡 빙원, 만년설

3 melt [melt]
 통 녹다, 용해하다

245

> **날씨**[1] **예보**[2]는 금요일에 더 **서늘할**[3] 것이라고 **예보하고**[4] 있다.

The weather forecast is predicting for a much cooler day on Friday.

1 weather [wéðər]
圀 날씨, 일기, 기상.

2 forecast [fɔ́:rkæ̀st]
圀 예측, 예보 圐 예측[예보]하다

3 cool [ku:l]
圀 시원한, 서늘한, 멋진

4 predict [pridíkt]
圐 예언하다, 예보하다

> 일본 **기상**[1]청은 **지진**[2]에 이은 **쓰나미**[3] **경보**[4]를 발표했다[5].

Japan's Meteorological Agency issued tsunami warnings following the quake.

1 meteorological [mì:tiərəlɑ́dʒikəl]
圀 기상의, 기상학상의

2 quake [kweik]
圀 지진 圐 마구 흔들리다

3 tsunami [tsu:na:mi]
圀 쓰나미 (지진 등에 의한 엄청난 해일)

4 warning [wɔ́:rniŋ]
圀 경고, 주의, 경보

5 issue [íʃu:]
圐 발표[공표]하다 圀 주제, 안건, 쟁점

> **일출**[1]과 **일몰**[2]은 장관을 이루고[3] 저녁 날씨는 **훈훈했다**[4].

Sunrises and sunsets are spectacular and the evenings are balmy.

1 sunrise [sʌ́nràiz]
圀 일출, 해돋이

2 sunset [sʌ́nsèt]
圀 일몰, 해질녘

3 spectacular [spektǽkjələr]
圀 장관을 이루는, 극적인

4 balmy [bɑ́:mi]
圀 아늑한, 훈훈한

246

이 최근의 **폭우**[1]는 몇 주 간의 **쌀쌀하고**[2] **눅눅한**[3] 날씨 뒤에 온 것이었다.

☞ This latest downpour came after several weeks of chilly and damp weather.

1 downpour [dáunpɔ̀ː]
몡 억수, 호우

2 chilly [tʃíli]
혱 쌀쌀한, 추운

3 damp [dæmp]
혱 축축한, 눅눅한

오늘 저녁은 **구름이 잔뜩 끼고**[1] **바람이 불**[2] 것이다.

☞ This evening it's going to be cloudy and windy.

1 cloudy [kláudi]
혱 흐린, 구름이 잔뜩 낀

2 windy [windi]
혱 바람이 센, 바람 있는

현재 날씨는 **바람이 없고**[1] 약간 **흐리다**[2].

☞ Right now the weather is calm and a little overcast.

1 calm [kɑːm]
혱 침착한, 차분한, 바람이 없는

2 overcast [òuvərkǽst]
혱 구름이 뒤덮인, 흐린

오늘은 하루 종일 **지독하게**[1] 덥고 **후덥지근했다**[2].

☞ Today was horribly hot and muggy all day.

1 horribly [hɔ́ːrəbəli]
閉 무시무시하게, 지독하게

2 muggy [mʌ́gi]
혱 무더운, 후덥지근한

247

> **덥고**[1] **습한**[2] 날씨가 **장마철**[3] 동안 계속된다.

☞ Hot and humid weather continues throughout the rainy season.

1 hot [hɑt]
혱 더운, 뜨거운

2 humid [hjúːmid]
혱 습기 있는, 눅눅한

3 rainy season [réini síːzən]
몡 장마철, 우기

> 올해의 경주는 **찌는 듯한**[1] 더위와 **습도**[2] 때문에 **망쳤다**[3].

☞ This year's race was marred by scorching heat and humidity.

1 scorching [skɔ́ːrtʃiŋ]
혱 찌는 듯한, 매우 뜨거운

2 humidity [huːmídəti]
몡 습기, 습도

3 mar [mɑːr]
통 손상시키다, 망치다

보충 어휘 ❶ temperature-humidity index : 온습지수(불쾌지수)

> 회색빛 하늘은 모든 그림들을 **음침하고**[1] **사악한**[2] 느낌을 주게 한다.

☞ The gray sky gives the whole picture a gloomy and evil feeling.

1 gloomy [glúːmi]
혱 우울한, 침울한

2 evil [íːvəl]
혱 나쁜, 사악한, 불길한

보충 어휘 ❶ a gloomy mood : 우울한 기분

봄철●에는 날씨가 아주 **변덕스럽다**●.

☞ The weather is very fickle in the springtime.

1 springtime [spríŋtàim]
명 봄철

2 fickle [fíkəl]
형 변하기 쉬운, 변덕스러운

태양 **광선**●은 얇은 구름, **박무**●, **안개**●를 관통할● 수 있다.

☞ Sun rays can penetrate light clouds, mist, and fog.

1 ray [rei]
명 광선

2 mist [mist]
명 얇은 안개, 박무

3 fog [fɔːg]
명 안개

4 penetrate [pénətrèit]
동 뚫고 들어가다, 관통하다

안개 끼거나● 구름이 많은 날에도 **햇볕에 탈**● 수 있다.

☞ You can get sunburn on hazy or cloudy days.

1 hazy [héizi]
형 흐릿한, 안개 낀

2 sunburn [sʌ́nbə̀ːrn]
명 햇볕에 탐, 햇볕으로 입은 화상

바람이 점점 세게 불어 **폭풍**●과 **강풍**● 경보가 서해안에 발령 중이다.

☞ Winds will increase and storm and gale warnings are in effect for the west coast.

1 storm [stɔːrm]
명 폭풍, 폭풍우

2 gale [geil]
명 질풍, 강풍

보충 어휘 ❶ gust : 세찬 바람, 돌풍

249

기상 통보관^❶은 주말 내내 **산발적인**^❷ 소나기^❸가 올 거라고 예보했다.

✐ Forecasters predicted scattered showers through the weekend.

1 forecaster [fɔ́ːrkæ̀stər]
명 예측하는 사람, 기상 통보관

2 scattered [skǽtərd]
형 산재한, 산발적인

3 shower [ʃáuər]
명 소나기

그 폭풍은 폭우를 동반해서 거리와 **저지대**^❶를 **범람시켰다**^❷.

✐ The storms brought downpours, flooding some streets and low-lying areas.

1 low-lying area [louláiiŋ ɛ́əriə]
명 저지대

2 flood [flʌd]
동 범람시키다, 침수되다 명 홍수

보충 어휘 ◑ damage from a flood : 홍수로 인한 피해

다행히도 비가 **앞이 안 보이게 퍼붓다**^❶가 **계속 내리는**^❷ **이슬비**^❸로 수그러들었다.

✐ Luckily, the rains eased from torrential to constant drizzle.

1 torrential [tɔːrénʃəl]
형 (비가) 앞이 안 보이게 내리는

2 constant [kánstənt]
형 끊임없는, 거듭되는, 변함없는

3 drizzle [drízl]
명 이슬비, 가랑비

이따금씩 **뇌우❶**와 함께 밤새도록 비가 **쏟아졌다❷**.

☞ It poured down all night with the odd thunderstorm.

1 thunderstorm [θʌ́ndərstɔ̀:rm]
명 뇌우, 천둥을 수반한 폭풍우

2 pour [pɔːr]
동 붓다, 마구 쏟아지다

올 여름 이 비는 정말 **큰비❶**였는데, **전례 없는❷** 비였다.

☞ This was really heavy rain this summer, unprecedented rain.

1 heavy rain [hévi rein]
명 큰비, 호우

2 unprecedented [ʌnprésədèntid]
형 전례 없는, 미증유의

어제 은행 시스템이 **폭설❶** 때문에 **심하게❷** 지장을 받았다❸.

☞ The banking system was severely disrupted yesterday because of the heavy snowfall.

1 heavy snowfall [hévi snóufɔ̀:l]
명 폭설, 대설

2 severely [sivíərli]
부 심하게, 엄하게

3 disrupt [disrʌ́pt]
동 방해하다, 지장을 주다

많은 **눈보라❶**와 **혹독한❷** 겨울 때문에 많은 소들이 **얼어❸** 죽었다.

☞ The many blizzards and severe winters froze many cattle to death.

1 blizzard [blízərd]
명 눈보라

2 severe [sivíər]
형 극심한, 가혹한, 엄한

3 freeze [fri:z]
동 얼다, 얼리다, 동결하다

기아[1]**는 가뭄**[2]**과 홍수와 같은 재해**[3]**의 결과이다.**

Hunger is the result of disasters such as drought and floods.

1 hunger [hʌ́ŋgər]
명 배고픔, 굶주림, 기아

2 drought [draut]
명 가뭄, 한발

3 disaster [dizǽstər]
명 천재, 재해, 재난

보충 어휘 ◑ inundation : 범람, 침수

이것은 자연재해[1]**가 아니라 사람이 만든**[2] **재앙**[3]**이다.**

This is not a natural disaster, but a man-made calamity.

1 natural disaster [nǽtʃərəl dizǽstər]
명 자연재해

2 man-made [mænmeid]
형 사람이 만든, 인공[인조]의

3 calamity [kəlǽməti]
명 재앙, 재난

보충 어휘 ◑ catastrophe : 참사, 재앙

쓰나미는 대개 지진[1]**과 산사태**[2]**에 의해 발생된다.**

Tsunamis are most often caused by earthquakes and landslides.

1 earthquake [ə́:rəkwèik]
명 지진

2 landslide [lǽndslàid]
명 산사태, 압도적인 득표[승리]

그 **협곡**[●] 길은 **눈사태**^❷로 인한 통제로 아침 일찍 폐쇄되었다.

The canyon road had been closed earlier in the day for avalanche control.

1 canyon [kǽnjən]
명 협곡

2 avalanche [ǽvəlæntʃ]
명 눈사태, 산사태

태풍[●]은 열대성 **사이클론**^❷의 하나로 알려져 있다.

Typhoons are known as one of the tropical cyclones.

1 typhoon [taifúːn]
명 태풍

2 cyclone [sáikloun]
명 사이클론(인도양 방면의 열대성 폭풍)

토네이도[●]는 자연의 가장 **맹렬하고**^❷ **파괴적인**^❸ 폭풍이다.

Tornadoes are nature's most violent and destructive storm.

1 tornado [tɔːrnéidou]
명 회오리바람, 토네이도

2 violent [váiələnt]
형 폭력적인, 난폭한, 맹렬한

3 destructive [distrʌ́ktiv]
형 파괴적인, 파멸적인

지진 규모[●] 6.4 지진으로 건물이 **무너져서**^❷ 73명이 사망했다.

The building collapsed in a magnitude 6.4 earthquake, killing 73 people.

1 magnitude [mǽgnətjùːd]
명 규모, 중요도, 지진 규모

2 collapse [kəlǽps]
통 무너지다, 붕괴하다 명 붕괴, 폭락

253

> **여진**^①이 일요일에 일어난 지진의 **진원지**^② 근처에서 발생했다.

⊂⊅ The aftershock occurred near the epicenter of Sunday's quake.

1 aftershock [ǽftərʃɑ̀k]
명 (큰 지진 후의) 여진

2 epicenter [épisèntər]
명 진원지, 진앙

> 그 **미진**^①은 **리히터 척도**^②로 지진 규모 4.6으로 **측정되었다**^③.

⊂⊅ The tremor measured magnitude 4.6 on the Richter scale.

1 tremor [trémər]
명 미진, 떨림

2 Richter scale [ríktər skeil]
명 리히터 척도 (지진의 규모를 나타내는)

3 measure [méʒər]
동 측정하다, 재다 명 조치, 정책, 척도

> 1886년에 그 **화산**^①이 **폭발해서**^② 150명이 사망했다.

⊂⊅ In 1886, the volcano erupted, killing 150 people.

1 volcano [vɑlkéinou]
명 화산

2 erupt [irʌ́pt]
동 분출하다, 폭발하다

5 에너지

> 물은 **보살피고**^❶ **보존**^❷이 필요한 천연 **자원**^❸이다.

☞ Water is a natural resource that needs to be nurtured and preserved.

1 nurture [nə́:rtʃər]
명 양육하다, 보살피다

2 preserve [prizə́:rv]
동 지키다, 보호하다, 보존하다

3 resource [rí:sɔ:rs]
명 자원, 재원

> 천연 가스와 **석탄**^❶처럼 **석유**^❷도 **화석**^❸ **연료**^❹이다.

☞ Like natural gas and coal, petroleum is a fossil fuel.

1 coal [koul]
명 석탄

2 petroleum [pitróuliəm]
명 석유

3 fossil [fásl]
명 화석

4 fuel [fjú:əl]
명 연료

> **현재의**^❶ **원유**^❷ 가격 **하락**^❸은 일시적인 현상인 것 같다.

☞ The current decline in crude oil price is likely to prove temporary.

1 current [kə́:rənt]
형 현재의, 지금의

2 crude oil [kru:d ɔil]
명 원유 ▶ crude : 가공하지 않은

3 decline [dikláin]
명 감소, 하락 동 줄어들다, 사양하다

255

그 연료는 **합성**[1]과 일반 **등유**[2]의 50대 50의 **혼합물**[3]이다.

☞ The fuel is a 50/50 blend of synthetic and conventional kerosene.

1 synthetic [sinθétik]
혱 합성한, 인조의

2 kerosene [kerəsi:n]
몡 등유, 석유

3 blend [blend]
몡 혼합, 조합 동 섞다, 혼합하다

두 **유전**[1]의 **비축량**[2]은 145억 **배럴**[3]로 추정된다.

☞ Reserves in the two oil fields are estimated at 14.5 billion barrels.

1 oil field [ɔil fi:ld]
몡 유전

2 reserve [rizə́:rv]
몡 비축(물) 동 비축하다, 예약하다

3 barrel [bǽrəl]
몡 통, 배럴

가솔린[1] 공급의 한 가지 주요 **장애물**[2]은 **정유 공장**[3]의 용량이다.

☞ One major bottleneck in the gasoline supply is refinery capacity.

1 gasoline [gǽsəli:n]
몡 가솔린, 휘발유

2 bottleneck [bɑ́tlnèk]
몡 좁은 도로, 병목 지역, 장애물

3 refinery [rifáinəri]
몡 정제[정유] 공장

256

원자력[1] 공장들은 단지 세계 **전력**[2]의 약 11%를 **만들어 내고**[3] 있다.

☞ Nuclear power plants generate only about 11 percent of the world's electricity.

1 nuclear power [njú:kliər páuər]
명 원자력

2 electricity [ilèktrísəti]
명 전기, 전력

3 generate [ʤénərèit]
통 발생시키다, 만들어 내다

파력[1], **열**[2]에너지, **풍력**[3]과 같은 **재생 가능한**[4] 에너지는 중요하다.

☞ Renewables such as wave power, thermal energy and wind power are important.

1 wave power [wéiv páuər]
명 파력

2 thermal [θə́:rməl]
형 열의, 보온성이 좋은

3 wind power [wínd páuər]
명 풍력

4 renewable [rinjú:əbl]
형 재생 가능한

네덜란드[1] 사람들은 **풍차**[2]를 돌리기 위해 **수력**[3]을 사용한다.

☞ The Dutch people use water power to drive their windmills.

1 Dutch [dʌtʃ]
형 네덜란드의, 네덜란드인[어]의

2 windmill [wíndmìl]
명 풍차

3 water power [wɔ́:tər pàuər]
명 수력

> 천연 가스 **누출**①은 화재나 **폭발**②을 야기할 수 있다.

A natural gas leak can cause a fire or an explosion.

1 leak [liːk]
명 누출, 누설 동 새다, 누설하다

2 explosion [iksplóuʒən]
명 폭발, 폭파

> **핵연료**①가 **원자로**②에서 태워질 때 **플루토늄**③이 만들어진다.

Plutonium is created when nuclear fuel is burnt in a reactor.

1 nuclear fuel [njúːkliər fjúːəl]
명 핵연료

2 reactor [riːǽktər]
명 원자로

3 plutonium [pluːtóuniəm]
명 플루토늄

보충 어휘 ◑ nuclear fuel reprocessing : 핵연료의 재처리
◑ highly enriched uranium : 고농축 우라늄
◑ light water reactor : 경수로

> 모든 **핵폐기물**①의 **방사능**②은 시간이 지나면 **줄어든다**③.

The radioactivity of all nuclear waste diminishes with time.

1 nuclear waste [njúːkliər weist]
명 핵폐기물

2 radioactivity [rèidiouæktívəti]
명 방사능

3 diminish [dəmíniʃ]
동 줄이다, 감소시키다

보충 어휘 ◑ nuclear fusion : 핵융합

258

chapter

13

leisure & sports

> 그녀는 어렸을 때 **취미**[1]로 **사진**[2]을 공부하기 시작했다.

📖 She began to study photography as a hobby when she was young.

1 hobby [hάbi]
명 취미, 장기

2 photography [fətάgrəfi]
명 사진술, 사진 찍기

> 비디오 게임은 보통 **혼자 하는**[1] **오락**[2]이다.

📖 Video games are usually a solitary pastime.

1 solitary [sάlitèri]
형 혼자 하는, 홀로 있는

2 pastime [pǽstàim]
명 기분 전환, 오락

> 사람들은 **휴식을 취하기**[1] 위해 **오락**[2]이 필요하다.

📖 Men need recreation in order to relax.

1 relax [rilǽks]
동 휴식을 취하다, 긴장을 풀다

2 recreation [rèkriéiʃən]
명 레크리에이션, 오락

> 내 삶의 두 가지 **열정**[1]적 취미는 **스키 타기**[2]와 **암벽 등반**[3]이다.

📖 The two passions of my life are skiing and rock climbing.

1 passion [pǽʃən]
명 열정, 격정

2 skiing [skí:iŋ]
명 스키 (타기)

3 rock climbing [rɑk kláimiŋ]
명 암벽 등반

그 마을은 **보트 타기**❶와 **요트 타기**❷와 같은 **여가 활동**❸으로 잘 알려져 있다.

> The town is well known for its leisure activities, such as sailing and yachting.

1 sailing [séiliŋ]
　명 보트[배] 타기

2 yachting [jɑ́tiŋ]
　명 요트 타기

3 leisure activity [líːʒər æktívəti]
　명 여가 활동

보충 어휘 ◑ fishing : 낚시

그 나라에서는 **놀이**❶ 공원에서 사고가 **빈번하다**❷.

> Accidents in amusement parks are frequent in that country.

1 amusement [əmjúːzmənt]
　명 재미, 오락, 놀이

2 frequent [fríːkwənt]
　형 자주 일어나는, 빈번한

보충 어휘 ◑ shopping and amusement facilities : 쇼핑 및 오락시설

오늘날 **경마**❶가 여전히 존재하는 이유는 **합법적인**❷ **도박**❸이라는 것 때문이다.

> The main reason horse racing is still around today is for the legalized gambling.

1 horse racing [hɔːrs réisiŋ]
　명 경마

2 legalize [líːgəlàiz]
　동 합법화하다

3 gambling [gǽmbəliŋ]
　명 도박, 내기

그는 **극한**[1] 스포츠의 **열광자**[2]이고 **전문**[3] 스노우더이다.

He is an extreme sport enthusiast and expert snowboarder.

1 extreme [ikstríːm]
형 극도의, 극심한, 극단적인

2 enthusiast [inθúːziæst]
명 열광자, 팬, 광

3 expert [ékspərt]
형 전문가의, 숙련된 명 전문가

명상[1]은 **동양**[2] 문화에 주로 사용된 **전통**[3]이다.

Meditation is a tradition used mainly by Eastern cultures.

1 meditation [mèdətéiʃən]
명 묵상, 명상

2 eastern [íːstərn]
형 동쪽에 위치한, 동양의

3 tradition [trədíʃən]
명 전통

예술의 대한 **감상**[1]은 완전히 **주관적**[2]이다.

Appreciation of art is totally subjective.

1 appreciation [əprìːʃiéiʃən]
명 평가, 감상, 감사

2 subjective [səbdʒéktiv]
형 주관의, 주관적인

원예[1]는 훌륭한 **운동**[2]이고 많은 칼로리가 소모된다.

Gardening is great exercise and uses lots of calories.

1 gardening [gáːrdniŋ]
명 조원(술), 원예

2 exercise [éksərsàiz]
명 운동, 연습문제

보충 어휘 ● knitting : 뜨개질

262

나는 **골동품**◐은 어떤 종류든 개인적으로 **소장**◑할 수 없다고 생각한다.

☞ I think antiquities can not be in private collections of any kind.

1 antiquity [æntíkwəti]
　명 고대, 유물, 골동품

2 collection [kəlékʃən]
　명 수집품, 소장품

하이킹◐, **사이클링**◑, **래프팅**◒ 여행을 제공하는 회사들이 생겨나고 있다.

☞ Companies have sprung up that offer hiking, cycling, and rafting trips.

1 hiking [háikiŋ]
　명 하이킹, 도보 여행

2 cycling [sáikliŋ]
　명 사이클링, 자전거 타기

3 rafting [ræftiŋ]
　명 래프팅, 뗏목 타기

중국 곳곳에서 **장식용**◐ **서예**◑들을 사찰에서 찾아볼 수 있다.

☞ All over China, decorative calligraphy can be found in temples.

1 decorative [dékərèitiv]
　형 장식(용)의, 장식적인

2 calligraphy [kəlígrəfi]
　명 서도, 서예

263

그 **쇼핑 몰**①은 많은 **사람들**②을 **수용할**③ 수 있도록 디자인되었다.

The mall is designed to accommodate vast crowds.

1 mall [mɔːl]
뗑 쇼핑 몰, 쇼핑 센터

2 crowd [kraud]
뗑 사람들, 군중

3 accommodate [əkɑ́mədèit]
통 공간을 제공하다, 수용하다

지난 주 **백화점**① **판매**②가 작년에 비해 7퍼센트 떨어졌다.

Sales at the department stores last week were down 7 per cent from a year ago.

1 department store [dipɑ́ːrtmənt stɔːr]
뗑 백화점

2 sale [seil]
뗑 판매, 영업, 세일, 할인 판매

그 **편의점**①은 **미성년자**②에게 **담배**③를 팔아 벌금을 물었다.

The convenience store got fined for the underage sale of tobacco.

1 convenience store [kənvíːnjəns stɔːr]
뗑 편의점

2 underage [ʌ̀ndəréidʒ]
혱 미성년의

3 tobacco [təbǽkou]
뗑 담배

쇼핑 **카트**①는 모든 뉴욕 사람들에게는 **일반적인**② 장비이다.

The shopping carts are standard equipment for all New Yorkers.

1 cart [kɑːrt]
명 손수레, 카트

2 standard [stǽndərd]
형 일반적인, 보통의 명 수준, 기준, 표준

어떤 **고객**①들은 상점에서 **둘러보고**② 집에 가서 온라인으로 구입한다.

Some customers like to browse in the shop, go away and then buy online.

1 customer [kʌ́stəmər]
명 손님, 고객, 단골

2 browse [brauz]
통 둘러보다, 훑어보다

많은 쇼핑객들은 **할인점**①에서 쇼핑하면서 **싼 물건**②을 노린다.

Many shoppers aim for bargains by shopping at outlets.

1 outlet [áutlet]
명 할인점, 아울렛, 배출구

2 bargain [bɑ́ːrgən]
명 싸게 사는 물건, 합의, 흥정

보충 어휘 ◑ bargain price : 할인 가격

그 **가격표**①는 **터무니없이**② 높았다.

The price tag was ridiculously high.

1 price tag [prais tæg]
명 가격표

2 ridiculously [ridíkjələsli]
부 터무니없이, 우스꽝스럽게

265

몇몇 **상품**^①은 70퍼센트까지 **할인**^②되고 있다.

Some of the merchandise is being discounted by 70 per cent.

1 merchandise [mə́:rtʃəndàiz]
명 물품, 상품

2 discount [dískaunt]
동 할인하다 명 할인

그녀는 항상 **싼**^① 옷을 사거나 심지어는 **중고**^② 옷들을 산다.

She always buys cheap clothes or even second-hand ones.

1 cheap [tʃi:p]
형 싼, 싸구려의

2 second-hand [sékəndhænd]
형 중고의, 전해 들은

그 회사는 하이드 파크에 **새**^① **대형 슈퍼**^② **개관식**^③을 발표했다.

The company announced the opening of a brand-new superstore in Hyde Park.

1 brand-new [brǽndnjuː]
형 아주 새로운, 신품의

2 superstore [súːpərstɔ̀ːr]
명 대형 슈퍼, 슈퍼스토어

3 opening [óupəniŋ]
명 개막식, 개관식, 시작 부분, 구멍

그 차는 5년 **무제한**^① 주행거리를 **보증**^②하고 있다.

The car comes with a five-year, unlimited mileage warranty.

1 unlimited [ʌnlímitid]
형 무제한의, 무한정의

2 warranty [wɔ́:rənti]
명 품질 보증서

266

그 회사는 낮은 가격, 높은 품질 **보장**[1]으로 고객들을 **안심시키고**[2] 있다.

⏵ The company reassures its customers with low-price, high quality guarantees.

1 guarantee [gǽrəntíː]
명 품질 보증서, 보장

2 reassure [rìːəʃúər]
동 안심시키다

나는 **영수증**[1]이 없어서 **환불**[2]이나 **교환**[3]을 하지 못할 것이다.

⏵ I don't have the receipt and won't be able to get a refund or exchange.

1 receipt [risíːt]
명 영수증, 수령

2 refund [rifʌnd]
명 환불 동 환불하다

3 exchange [ikstʃéindʒ]
명 교환 동 교환하다

모든 **주문**[1]들은 **추가**[2] 비용 없이 **맞춤형**[3] 카드와 함께 **선물 포장된다**[4].

⏵ All orders are gift-wrapped with a personalized card at no extra cost.

1 order [ɔ́ːrdər]
명 주문, 명령 동 주문하다, 명령하다

2 extra [ékstrə]
형 추가의, 가외의

3 personalized [pə́ːrsənəlàizd]
형 개인이 원하는 대로 할 수 있는

4 gift-wrap [giftræp]
동 선물용으로 포장하다

그는 **야구장**^① 밖에서 **팬**^②들에게 **인사를 하고**^③ **사인**^④을 해 주었다.

He greeted fans outside the ballpark and signed autographs.

1 **ballpark** [bɔ́ːlpɑ̀ːrk]
명 야구장, 대략적인 액수

2 **fan** [fæn]
명 팬, 광

3 **greet** [griːt]
동 인사하다

4 **autograph** [ɔ́ːtəgræf]
명 사인 동 사인을 해주다

야구장은 **내야**^①와 **외야**^②라고 불리는 두 지역이 있다.

A baseball field has two areas that are called the infield and the outfield.

1 **infield** [ínfiːld]
명 내야

2 **outfield** [áutfiːld]
명 외야

그 팀의 **구원진**^①은 이번 **포스트시즌**^② 10**회**^③ 동안 한 **점**^④도 허용하지 않았다.

The team's bullpen has not allowed a run in 10 innings this postseason.

1 **bullpen** [bulpen]
명 불펜, 구원 투수진

2 **postseason** [póustsíːzən]
명 포스트시즌, 공식전 이후 시즌

3 **inning** [íniŋ]
명 이닝, 회

4 **run** [rʌn]
명 득점

그는 1회 **초**①에 3**타자**②를 **삼진시켰다**③.

☞ He struck out the three batters in the top of the first inning.

1 top [tɑp]
뎽 (한 회의) 초

2 batter [bǽtər]
뎽 타자

3 strike out [straik aut]
통 스트라이크 아웃 당하다[시키다]

〔보충 어휘〕 ❶ umpire : 심판
❶ a ball[base] umpire : 구심[누심]

점수①는 8회 **말**②에 2대2 **동점이 되었다**③.

☞ The score was tied at 2-2 in the bottom of the eighth inning.

1 score [skɔːr]
뎽 득점, 스코어 통 득점을 올리다

2 bottom [bɑ́təm]
뎽 (한 회의) 말, 맨 아래, 바닥

3 tie [tai]
통 동점을 이루다, 비기다 뎽 동점, 무승부

〔보충 어휘〕 ❶ end in a draw : 무승부로 경기가 끝나다

선발 투수①가 8이닝 동안 **상대팀**②을 **득점 없이**③ 막았다.

☞ The starter held the opponents scoreless for 8 innings.

1 starter [stɑ́ːrtər]
뎽 선발 투수(starting pitcher)

2 opponent [əpóunənt]
뎽 상대, 반대자

3 scoreless [skɔ́ːrlis]
혱 무득점의

그는 지난 4시즌 동안 121게임을 **구원한**[1] 왼손잡이[2] 마무리 **투수**[3]이다.

He is a left-handed closer who saved 121 games over the past four seasons.

1 save [seiv]

명 구하다, 막다 명 세이브

2 left-handed [lefthǽndid]

형 왼손잡이의

3 closer [klóuzər]

명 마무리 투수

보충 어휘 ◗ set up man : 마무리 투수가 나오기 직전에 던지는 투수

그는 6이닝 동안 8**안타**[1] 4**자책점**[2]을 허용했다.

He allowed four earned runs on eight hits in six innings.

1 hit [hit]

명 안타, 타격 동 치다, 때리다

2 earned run [ə:rnd rʌn]

명 자책점

보충 어휘 ◗ earned run average : 방어율

그는 26**홈런**[1], 98**타점**[2], 그리고 3할 3푼 2리의 **타율**[3]을 기록하고 있다.

He has 26 homers, 98 RBIs and a .332 batting average.

1 homer [hóumər]

명 홈런 (home run)

2 RBI [ɑ:rbi:ai]

명 타점 (run(s) batted in)

3 batting average [bǽtiŋ ǽvəridʒ]

명 타율

> 그는 1회에 1실점을 한 후 6이닝을 **완봉**[1] 으로 **투구했다**[2].

After allowing one run in the first inning, he pitched six shutout innings.

1 shutout [ʃʌ́tàut]
명 완봉, 영봉

2 pitch [pitʃ]
동 투구하다 명 투구

보충 어휘 ● strong lineup : 강한 타선

> **대타**[1] 가 **만루 홈런**[2] 을 치자 팬들이 **함성을 지르기**[3] 시작 했다.

The pinch-hitter hit a grand slam, and the fans started yelling.

1 pinch-hitter [pintʃhítər]
명 대타자

2 grand slam [grǽnd slæ̀m]
명 그랜드 슬램, 만루 홈런

3 yell [jel]
동 소리지르다, 함성을 지르다

보충 어휘 ● designated hitter : 지명 타자

> 그 타자는 배트를 **휘둘러**[1] 3루와 유격수 사이에 **땅볼**[2] 을 쳤다.

The batter swung and hit a grounder between third and short.

1 swing [swiŋ]
동 스윙하다 명 스윙

2 grounder [gráundər]
명 땅볼

보충 어휘 ● hit a fly ball : 플라이를 치다

271

축구 ① 는 세계에서 가장 **재미있는** ② 스포츠 중 하나이다.

Soccer is one of the most entertaining sports in the world.

1 soccer [sɑ́kər]
뗑 축구

2 entertaining [èntərtéiniŋ]
휑 재미있는, 즐거움을 주는

각 팀은 3번의 **예선** ① **경기** ② 를 치른다.

Each team plays three preliminary matches.

1 preliminary [prilímənèri]
휑 예비의 뗑 예비 행위, 예선전

2 match [mætʃ]
뗑 경기, 시합 뙤 필적하다, 조화하다

그들은 챔피언스 리그 **8강** ①, **4강** ②, **결승전** ③ 에 출전했었다.

They have played in Champions League quarter-finals, semi-finals, finals.

1 quarter-final [kwɔ́ːrtər fáinəl]
뗑 준준결승, 8강전

2 semi-final [sémi fáinəl]
뗑 준결승전, 4강전

3 final [fáinəl]
뗑 결승전

후반전 ① 이 **전반전** ② 보다 훨씬 나았다.

The second half was so much better than the first half.

1 second half [sékənd hæf]
뗑 후반전

2 first half [fə́ːrst hæf]
뗑 전반전

연장전[1]에서도 골이 나지 않으면 승자는 **페널티 킥**[2]에 의해 결정된다.

If no goals are scored during extra time, the winner is decided by penalty kicks.

1 extra time [ékstrə taim]
명 연장전

2 penalty kick [pénəlti kik]
명 페널티 킥

카메라는 **심판**[1]에게 **소리치는**[2] 프랑스 **감독**[3]에게 초점을 맞추었다.

The camera switched to the French coach, who was shouting at the referee.

1 referee [rèfərí:]
명 심판

2 shout [ʃaut]
동 외치다, 소리[고함]치다

3 coach [koutʃ]
명 코치, 감독

보충 어휘 ❶ appeal to the referee : 심판에게 항의하다

선심[1]이 **오프사이드**[2] 깃발을 올려서 루니의 골이 **인정되지 않았다**[3].

The linesman raised his flag for offside against Rooney to disallow the goal.

1 linesman [láinzmən]
명 선심

2 offside [ɔ́:fsáid]
명 (축구 등에서의) 오프사이드

3 disallow [dìsəláu]
동 인정하지[받아들이지] 않다

273

그의 **신중치 못한**[1] **태클**[2]이 첼시에게 위험스럽게 보이는 **세트 피스**[3]를 주었다.

His reckless tackle gave Chelsea a dangerous looking set piece.

1 reckless [réklis]
형 무모한, 신중하지 못한

2 tackle [tǽkəl]
명 (축구 등에서) 태클 동 태클하다

3 set piece [set piːs]
명 세트 피스 (코너킥, 프리킥 등)

그가 74분에 **동점골을 넣었지만**[1] 그의 팀은 **결승골**[2]을 넣는 데 실패했다.

He equalized after 74 minutes but his team failed to deliver a winning goal.

1 equalize [íːkwəlàiz]
동 동점골을 넣다, 동등하게 하다

2 winning goal [wíniŋ goul]
명 결승골

보충 어휘 ◑ equalizer : 동점골

독일이 **승부차기**[1]에서 이탈리아를 **이겼다**[2].

Germany beat Italy in penalty shoot out.

1 penalty shoot out [pénəlti ʃuːt aut]
명 승부차기

2 beat [biːt]
동 이기다, 때리다, 두드리다

5 **골프**

> 그의 **티 샷**[1]이 깃대에 15피트 떨진 곳에 **떨어져서**[2] **홀**[3] 안으로 **굴러갔다**[4].

☞ His tee shot landed 15 feet from the flag and rolled into the hole.

1 tee shot [ti: ʃɑt]
명 (골프) 티 샷

2 land [lænd]
동 내려앉다, 떨어지다

3 hole [houl]
명 구멍, 구덩이

4 roll [roul]
동 구르다, 굴러가다

> 그 샷은 워터 **해저드**[1]를 **뛰어 넘어**[2] **그린**[3]에 떨어졌다.

☞ The shot cleared a water hazard and landed on the green.

1 hazard [hǽzərd]
명 위험, 장애 구역

2 clear [kliər]
동 뛰어 넘다, 지나가다

3 green [griːn]
명 그린 (홀 주변의 잔디를 짧게 자른 지역)

> **페어웨이**[1]는 좁았고 **러프**[2]는 **극도로 힘들었다**[3].

☞ The fairways were narrow and the rough was punishing.

1 fairway [féərwèi]
명 페어웨이 (티와 그린 사이의 기다란 잔디밭)

2 rough [rʌf]
명 러프 (풀이 길고 공을 치기가 힘든 부분)

3 punishing [pʌ́niʃiŋ]
형 극도로 힘든, 살인적인

5번 홀에서 그의 볼은 **벙커**[1] 안으로 **튀어**[2] 들어갔다.

On the fifth hole, his ball bounced into a bunker.

1 bunker [bʌ́ŋkər]
명 벙커

2 bounce [bauns]
동 튀다, 뛰다 명 팀, 튀어 오름

그녀는 **어프로치**[1]가 그린에 미치지 못해 **파**[2] 쓰리 12번 홀에서 **보기를 했다**[3].

She bogeyed the par-three 12th after her approach fell short of the green.

1 approach [əpróutʃ]
명 접근, 접촉 동 다가가다[오다]

2 par [pɑːr]
명 기준 타수, 파, 액면 가격

3 bogey [bóugi]
명 보기 (규정파보다 하나 많은 타수) 동 보기로 마치다

모든 홀은 **버디**[1] 기회가 있고 그 중 어떤 홀은 **이글**[2] 기회가 있다.

Every hole is a birdie chance, some of them are eagle chances.

1 birdie [bə́ːrdi]
명 버디 (규정파보다 1타 적은 타수)

2 eagle [íːgəl]
명 이글 (규정파보다 2타 적은 타수)

그는 첫 **라운드**[1]를 **이븐 파**[2]로 마쳤다.

He finished the first round at even par.

1 round [raund]
명 회, 회전, 라운드

2 even par [íːvən pɑːr]
명 이븐 파 (규정파와 같은 타수)

보충 어휘 ◑ over par : 규정파보다 많은 타수 ◑ under par : 규정파보다 적은 타수

> 그의 나이에 한 번의 **홀인원**①을 한 것도 **놀랍지만**② 두 번은 **믿기지 않는다**③.

☞ To get one hole in one at his age is amazing but to get two is incredible.

1 hole in one [houl in wʌn]
명 홀인원 (한 번 쳐서 공을 홀에 넣는 것)

2 amazing [əméiziŋ]
형 놀라운, 굉장한

3 incredible [inkrédəbəl]
형 믿을 수 없는, 믿기 힘든

> 그는 18번 홀에서 **승부에 중요한**① **퍼트**②를 성공시킨 후 그의 **캐디**③를 **껴안았다**④.

☞ He hugged his caddie after holing a clutch putt on 18.

1 clutch [klʌtʃ]
형 중요한 장면에서 도움이 되는, 찬스에 강한

2 putt [pʌt]
명 퍼트 (그린에서 홀로 가볍게 침) 동 퍼트하다

3 caddie [kǽdi]
명 캐디

4 hug [hʌg]
동 껴안다, 포옹하다

그 **토너먼트**①는 6월 15일에 **시작해서**② 30일 동안 **계속된다**③.

The tournament kicks off on June 15 and lasts 30 days.

1 tournament [túərnəmənt]
명 토너먼트, 선수권 대회, 승자 진출전

2 kick off [kik ɔ:f]
통 경기가 시작되다

3 last [læst]
통 계속[지속]하다, 오래 가다

다음 해의 세계 **선수권**① **출전**② 마감일은 5월 15일이다.

Entry deadline for next year's world championship is May 15.

1 championship [tʃǽmpiənʃip]
명 선수권 대회, 챔피언전

2 entry [éntri]
명 참가, 출전, 들어감, 입장

올림픽 경기에 **참가하는**① 것은 **명예**②로운 것이다.

To participate in the Olympic Games is an honor.

1 participate [pɑːrtísəpèit]
통 참가하다, 관여하다

2 honor [ánər]
명 명예, 영예, 영광

나는 팀 스포츠를 볼 때 **개인**①이 아니라 팀을 **응원한다**②.

I root for teams when I watch team sports, not individuals.

1 individual [ìndəvídʒuəl]
명 개인 형 각각[개개]의

2 root [ruːt]
통 응원하다, 지지하다

그 밤의 **절정**[1]은 세계 **선수권**[2]을 위한 **본경기**[3]였다.

☞ The climax of the evening was the main event - for the world title.

1 climax [klάimæks]
명 클라이맥스, 절정

2 title [táitl]
명 제목, 칭호, 직함, 타이틀, 선수권

3 main event [mein ivent]
명 본행사[시합]

우리는 **역전승을 해서**[1] 대단한 **투지**[2]와 **용기**[3]를 보여주었다.

☞ We've come from behind and shown great determination and courage.

1 come from behind [kʌ́m frʌm biháind]
동 역전하다, 역전승하다

2 determination [ditə̀:rmənéiʃən]
명 투지, 결정

3 courage [kə́:ridʒ]
명 용기

플레이오프[1]의 멋진 점은 **예측이 불가능**[2]하다는 것이다.

☞ The beauty of the playoffs is their unpredictability.

1 playoff [pléiɔ̀:f]
명 플레이오프

2 unpredictability [ʌ̀npridiktəbíləti]
명 예측 불가능

그 경기는 너무 **일방적**[1]이어서 보기에 너무 **측은했다**[2].

☞ The game was so one-sided it was almost pitiful to watch.

1 one-sided [wʌnsáidid]
형 일방적인, 편파적인

2 pitiful [pítifəl]
형 측은한, 가련한

279

그 팀은 10번의 **연속적인**[1] **승리**[2]를 하고 있다.

The team has had 10 consecutive victories.

1 consecutive [kənsékjətiv]
휑 연이은

2 victory [víktəri]
명 승리

선수[1]들은 **완벽하게**[2] **최적의**[3] 상태에서 **경쟁해야**[4] 한다.

Athletes should ideally compete in optimum conditions.

1 athlete [ǽθli:t]
명 운동을 잘 하는 사람, 선수

2 ideally [aidí:əli]
휑 이상적으로, 완벽하게, 원칙적으로

3 optimum [ɑ́ptəməm]
휑 최고[최적]의 명 최고[최적]의 것

4 compete [kəmpí:t]
통 경쟁하다, 겨루다

그 **경기장**[1]은 약 5만 명의 **관중**[2]을 수용할 수 있다.

The stadium can seat about 50,000 spectators.

1 stadium [stéidiəm]
명 경기장, 스타디움

2 spectator [spékteitər]
명 관중

6명의 선수가 **금지 약물 복용**[1]으로 올림픽에서 **자격을 박탈당했다**[2].

Six athletes were disqualified from the Olympics because of doping offences.

1 doping [dóupiŋ]
명 도핑, 금지 약물 복용

2 disqualify [diskwɑ́ləfài]
통 자격을 박탈하다, 실격시키다

chapter
14

health & disease

걷기는 **신체 단련**[1]**과 건강**[2]**을 향상시키는**[3] 데 중요한 역할을 할 수 있다.

Walking can play an important role in enhancing fitness and health.

1 fitness [fítnis]
명 신체 단련, 건강, 적합함

2 health [helθ]
명 건강

3 enhance [enhǽns]
동 높이다, 향상시키다

보충 어휘 ❶ mental[physical] health : 정신적[육체적] 건강

단백질[1]**은 근육**[2]**을 강화하는**[3] 데 도움을 준다.

Protein helps to strengthen muscles.

1 protein [próuti:in]
명 단백질

2 muscle [mʌ́səl]
명 근육, 힘, 근력

3 strengthen [stréŋkθən]
동 강화되다, 강력해지다

보충 어휘 ❶ high-protein foods : 단백질이 많은 음식

채식주의자[1]**들은 고기, 생선, 또는 가금류**[2]**를 먹지 않는다.

Vegetarians do not eat meat, fish, or poultry.

1 vegetarian [vèdʒətéəriən]
명 채식주의자

2 poultry [póultri]
명 가금, 가금류의 고기

많은 사람들이 신체에 필수적인 **영양분**①을 제한하면서② 다이어트③를 하고 있다.

☞ Many people are on diets that restrict nutrients that are vital to the body.

1 nutrient [njúːtriənt]
囲 영양소, 영양분

2 restrict [ristríkt]
동 제한하다, 한정하다

3 diet [dáiət]
囲 식사, 규정식, 다이어트

체중①을 줄이기 위해서는 규칙적인 **식사**②를 포함한 **균형식**③을 고수하세요.

☞ To lose weight, stick to a balanced diet that includes regular meals.

1 weight [weit]
囲 무게, 체중

2 meal [miːl]
囲 식사, 끼니

3 balanced diet [bǽlənst dáiət]
囲 균형식, 완전 영양식

탄수화물① 에너지는 거의 **즉시**② 소화된다③.

☞ The energy in carbohydrates is almost instantly digested.

1 carbohydrate [kàːrbouháidreit]
囲 탄수화물

2 instantly [ínstəntli]
囲 즉각, 즉시

3 digest [didʒést]
동 소화하다, 소화시키다

신진대사^① 장애^②는 신체에서 음식의 **소화^③에** 영향을 미친다.

A metabolism disorder affects the digestion of food in the body.

1 metabolism [mətǽbəlìzəm]
명 신진대사, 물질대사

2 disorder [disɔ́:rdər]
명 엉망, 난동, 무질서, 장애

3 digestion [didʒéstʃən]
명 소화, 소화력

그는 악수를 한 후 단지 **위생적인^① 예방 조치^②로** 손을 씻는다.

He always washes his hands after shaking hands just as a sanitary precaution.

1 sanitary [sǽnətèri]
형 위생의, 위생적인

2 precaution [prikɔ́:ʃən]
명 예방책, 예방 조치

아시아인은 **섬유질이 높고^① 포화 지방^②이** 낮은 음식을 먹는다.

Asians eat foods that are high-fiber and low in saturated fat.

1 high-fiber [haifáibər]
형 고섬유질의

2 saturated fat [sǽtʃərèitid fæt]
명 포화 지방

현재까지 에이즈에 대한 **치료^①나 백신^②은** 없다.

So far, there is no treatment or vaccination for AIDS.

1 treatment [trí:tmənt]
명 치료, 처치, 대우, 처우

2 vaccination [væksənéiʃən]
명 백신[예방] 접종

벌꿀은 자연적이고 **건강에 좋은**❶ 제품으로 **명성**❷이 나 있다.

Honey has a reputation as a natural, wholesome product.

1 wholesome [hóulsəm]
혱 건강에 좋은, 건전한

2 reputation [rèpjətéiʃən]
몡 평판, 명성

정기적인 **검진**❶은 **녹내장**❷을 초기 **단계**❸에서 발견하는 도움을 준다.

Regular checkups can help detect glaucoma in its early stages.

1 checkup [tʃékʌp]
몡 점검, 정밀 검사, 건강 진단

2 glaucoma [glɔːkóumə]
몡 녹내장

3 stage [steidʒ]
몡 단계, 시기, 무대

보충 어휘 ◑ cataract : 백내장

고령임에도 그녀의 **장수**❶와 **활력**❷은 노인들에게 희망을 주었다.

Her longevity and her vitality in old age gave hope to older people.

1 longevity [lɑndʒévəti]
몡 장수, 수명

2 vitality [vaitǽləti]
몡 생명력, 활력, 체력

285

> **관절염**[1]**의 주요 증상**[2]**은 통증**[3]**이다.**

The major symptom of arthritis is pain.

1 arthritis [ɑːrəráitis]
명 관절염

2 symptom [símptəm]
명 증상, 징후, 조짐

3 pain [pein]
명 아픔, 통증

보충 어휘 ◑ a common symptom : 일반적인 증상

> **그는 만성**[1] **피로**[2] **증후군**[3]**으로 고생하고**[4] **있다.**

He suffers from chronic fatigue syndrome.

1 chronic [kránik]
형 만성적인

2 fatigue [fətíːg]
명 피로, 피곤

3 syndrome [síndroum]
명 증후군, 일련의 증상

4 suffer [sʌ́fər]
동 시달리다, 고통받다, 겪다

보충 어휘 ◑ physical[mental] fatigue : 신체적[정신적] 피로

> **지나친**[1] **음주가 급성**[2] **위염**[3]**을 초래하는 것 같다.**

Excessive alcohol use is more likely to cause acute gastritis.

1 excessive [iksésiv]
형 지나친, 과도한

2 acute [əkjúːt]
형 격심한, 급성의, 예리한

3 gastritis [gæstráitis]
명 위염

> 나는 지금 이틀 동안 **기침**①을 하고 **두통**②과 가벼운 **열**③이 있다.

☞ I've had a cough for 2 days now and a headache and a slight fever.

1 cough [kɔːf]
명 기침, 헛기침 통 기침하다

2 headache [hédèik]
명 두통

3 fever [fíːvər]
명 열, 열병

> **땀**①에는 염분이 많아서 지나치게 땀을 흘리는 것은 염분 **결핍**②을 초래할 수 있다.

☞ Sweat is rich in salt, and excessive sweating can produce a salt deficiency.

1 sweat [swet]
명 땀, 식은땀 통 땀[식은땀]을 흘리다

2 deficiency [difíʃənsi]
명 결핍, 부족, 영양 부족

> 이 약들의 **부작용**①은 메스꺼움②, 구토③ 그리고 **현기증**④을 포함하고 있다.

☞ Side effects of these drugs include nausea, vomiting and dizziness.

1 side effect [sáid ifèkt]
명 부작용

2 nausea [nɔ́ːziə]
명 욕지기, 메스꺼움

3 vomiting [vάmitiŋ]
명 구토

4 dizziness [dízinis]
명 어지러움, 현기증

보충 어휘 ◑ feel nausea : 욕지기가 나다

287

편두통^①이 있는 많은 사람들은 편두통 **가족력**^②이 있다.

Many people with migraines have a family history of migraine.

1 migraine [máigrein]
명 편두통

2 family history [fǽməli hístəri]
명 가족력

그는 오늘 아침에 온몸이 **아프고**^① **결렸지만**^② 괜찮았다.

He was sore and stiff all over this morning, but he was good.

1 sore [sɔːr]
형 아픈, 따가운

2 stiff [stif]
형 뻣뻣한, 결리는, 딱딱한

그는 몇 달 동안 **지속적인**^① **치통**^②을 가지고 있었다.

He had had persistent toothache for months.

1 persistent [pəːrsístənt]
형 고집하는, 끊임없이 지속되는

2 toothache [túːθèik]
명 치통

때때로 건조한 **피부**^①는 **피부염**^②을 유발해서 피부를 빨갛게 하고 **가렵게**^③ 만든다.

Sometimes dry skin leads to dermatitis, which causes red, itchy skin.

1 skin [skin]
명 피부, 껍질, 가죽

2 dermatitis [də̀ːrmətáitis]
명 피부염

3 itchy [ítʃi]
형 가려운, 가렵게 하는

그는 **과식**①을 해서 **복통**②을 앓고 있다.

He has a stomachache because of overeating.

1 overeat [òuvərí:t]
⑧ 과식하다

2 stomachache [stʌ́məkèik]
⑲ 위통, 복통

그 **병**①은 **오한**②과 열의 **반복적인**③ 발작을 일으켜서 **생명을 앗아갈**④ 수 있다.

The illness results in recurrent attacks of chills and fever, and it can be deadly.

1 illness [ílnis]
⑲ 병, 발병

2 chill [tʃil]
⑲ 냉기, 한기, 오한

3 recurrent [rikə́:rənt]
⑲ 되풀이되는, 반복적인

4 deadly [dédli]
⑲ 생명을 앗아가는, 치명적인

전 세계에 걸쳐 **설사**①는 가장 일반적인 **질병**② 중 하나이다.

Throughout the world, diarrhea is one of the most common ailments.

1 diarrhea [dàiərí:ə]
⑲ 설사

2 ailment [éilmənt]
⑲ 질병, 병

급성 **기관지염**①은 세균이나 바이러스에 **감염**②된 것이다.

Acute bronchitis is a bacteria or virus infection.

1 bronchitis [brɑŋkáitis]
⑲ 기관지염

2 infection [infékʃən]
⑲ 전염, 감염, 전염병

289

만약 **동맥류**[●]가 **터진다**[●]면 생명을 위협하는[●] **내출혈**[●]
에 직면할지 모른다.

If an aneurysm bursts, you may face life-threatening
internal bleeding.

1 aneurysm [ǽnjurìzəm]
명 동맥류

2 burst [bə:rst]
동 파열하다, 폭발하다

3 life-threatening [laifərétniŋ]
형 생명을 위협하는

4 bleeding [blí:diŋ]
명 출혈

비만[●]은 많은 **치명적인**[●] **병**[●]을 유발하는 큰 요인이다.

Obesity is a great factor in causing many other fatal
diseases.

1 obesity [oubí:səti]
명 비만

2 fatal [féitl]
형 치명적인, 생명에 관계되는

3 disease [dizí:z]
명 병, 질병

C형 **간염**[●]은 **전염성**[●] **바이러스**[●] 질병으로 심각한 **간**[●] 손상
을 초래한다.

Hepatitis C is a contagious viral disease that leads to
serious liver damage.

1 hepatitis [hèpətáitis]
명 간염

2 contagious [kəntéidʒəs]
형 전염성의, 만연하는

3 viral [váirəl]
형 바이러스성의

4 liver [lívər]
명 간, 간장

유행성^① 독감^②이 퍼져서 많은 사람들이 2차 세균성^③ 폐렴^④으로 사망했다.

☞ During the flu epidemic many people died from a secondary bacterial pneumonia.

1 epidemic [èpədémik]
圀 유행병, 유행성

2 flu [flu:]
圀 독감

3 bacterial [bæktíəriəl]
圀 세균성의, 박테리아의

4 pneumonia [njumóunjə]
圀 폐렴

혈압^①이 높으면 심장마비^② 또는 뇌졸중^③을 유발할 수 있다.

☞ Blood pressure increases, which can cause heart attacks or strokes.

1 blood pressure [blʌd préʃər]
圀 혈압

2 heart attack [háːrt ətæk]
圀 심장마비, 심근 경색

3 stroke [strouk]
圀 뇌졸중, 치기, 스트로크

거의 모든 사람이 소화 불량^①, 위^②의 염증^③과 같은 병치레^④를 한 경험이 있다.

☞ Nearly everyone has experienced a bout of indigestion and stomach irritation.

1 indigestion [ìndidʒéstʃən]
圀 소화 불량

2 stomach [stʌmək]
圀 위, 복부

3 irritation [ìrətéiʃən]
圀 짜증나게 함, 염증, 아픔

4 bout [baut]
圀 병치레, 한차례

대부분 사람들은 1주나 2주 안에 일반적인 **감기**[●]에서 **회복한다**^❷.

Most people recover from a common cold in about a week or two.

1 cold [kould]
명 감기

2 recover [rikʌ́vər]
통 회복되다, 되찾다

영양실조[●]는 어린이들의 발달을 늦추고 **성장을 지연시킬**^❷ 수 있다.

Malnutrition can cause stunted growth in children and delay their development.

1 malnutrition [mæ̀lnju:tríʃən]
명 영양 실조, 영양 부족

2 stunted [stʌ́ntid]
형 성장을 저해 당한

천연두[●]는 12~14일의 **잠복기**^❷를 가진다.

Smallpox has an incubation period of 12-14 days.

1 smallpox [smɔ́:lpɑ̀ks]
명 천연두

2 incubation [ìŋkjəbéiʃən]
명 잠복기, 알을 품음

보충 어휘 ◑ measles : 홍역
◑ mumps : 볼거리, 유행성 이하선염

화학 요법[●]은 **암**^❷세포를 죽이는 약을 사용한다.

Chemotherapy uses drugs to kill the cancer cells.

1 chemotherapy [kì:mouθérəpi]
명 화학 요법

2 cancer [kǽnsər]
명 암

보충 어휘 ◑ ulcer : 궤양

당뇨병^①과 고혈압^②은 조절할 수 있다.

☞ Diabetes and hypertension can be controlled.

1 diabetes [dàiəbíːtis]
명 당뇨병

2 hypertension [hàipərténʃən]
명 고혈압

빈혈^①이 있는 사람들은 적혈구^②가 적거나 실혈이 많은 사람들이다.

☞ People with anemia have less red blood cells or excessive blood loss.

1 anemia [əníːmiə]
명 빈혈증

2 red blood cell [red blʌd sel]
명 적혈구

백혈병^①이 생기면 비정상적인^② 백혈구^③가 만들어진다.

☞ As leukemia develops, it produces abnormal white blood cells.

1 leukemia [luːkíːmiə]
명 백혈병

2 abnormal [æbnɔ́ːrməl]
형 비정상적인

3 white blood cell [hwait blʌd sel]
명 백혈구

해마다 말라리아^①와 결핵^②으로 8백만의 어린이들이 사망한다고 추정된다.

☞ Malaria and tuberculosis are thought to kill 8 million children a year.

1 malaria [məléəriə]
명 말라리아

2 tuberculosis [tjubə̀ːrkjəlóusis]
명 결핵

탈수^①는 변비^②를 유발할 수 있으니 많은 물을 마시세요.

　Drink lots of water, as dehydration can lead to constipation.

1 dehydration [dìːhaidréiʃən]
명 탈수(증)

2 constipation [kɑ̀nstəpéiʃən]
명 변비

대장암^①은 대장^②에 생기는 암이다.

　Colon cancer is cancer of the large intestine.

1 colon cancer [kóulən kǽnsər]
명 대장암

2 intestine [intéstin]
명 장

치질^①은 직장^②에 있는 혈관^③이 부은^④ 것이다.

　Hemorrhoids are swollen blood vessels in the rectum.

1 hemorrhoids [hémərɔ̀idz]
명 치질, 치핵

2 rectum [réktəm]
명 직장

3 blood vessel [blʌ́d vèsəl]
명 혈관

4 swollen [swóulən]
형 부어오른, 부푼

모유로 키운^① 아기들은 좀처럼 위장염^②으로 병원에 입원하지^③ 않는다.

　Breastfed babies are rarely hospitalized for gastro-enteritis.

1 breastfeed [bréstfiːd]
동 모유를 먹이다

2 gastro-enteritis [gǽstrouèntəráitis]
명 위장염

3 hospitalize [hɑ́spitəlàiz]
동 입원시키다

294

신장[1] **이식**[2]은 흔히 **신부전**[3]에 가장 좋은 치료법 선택이다.

☞ A kidney transplant is often the best treatment option for kidney failure.

1 kidney [kídni]
명 신장

2 transplant [trǽnsplænt]
명 이식 동 이식하다

3 kidney failure [kídni fèiljər]
명 신부전

과체중[1] 또는 **비만**[2]은 **비알콜성**[3] **지방간**[4] 질병의 주요 위험 요인이다.

☞ Being overweight or obese is a major risk factor for nonalcoholic fatty liver disease.

1 overweight [óuvərwèit]
형 과체중의, 중량 초과의

2 obese [oubíːs]
형 비만인, 지나치게 살찐

3 nonalcoholic [nɑ̀nælkəhɔ́ːlik]
형 알코올을 함유하지 않은

4 fatty liver [fǽti lívər]
명 지방간

무좀[1]과 같은 발의 **균류에 의한**[2] 감염은 **지체 없이**[3] 치료하세요.

☞ Promptly treat any fungal infections of the feet, such as athlete's foot.

1 athlete's foot [ǽθliːts fut]
명 무좀

2 fungal [fʌ́ŋgəl]
형 균류에 의한

3 promptly [prɑ́mptli]
부 지체 없이, 신속히

그녀는 지금 **저체온증**[●]과 **동상**^❷ 치료를 받으면서 병원에 입원해 있다.

⮎ She is now in hospital being treated for hypothermia and frostbite.

1 hypothermia [hàipəθəː́rmiə]
명 저체온증

2 frostbite [frɔ́ːstbàit]
명 동상

심각한 다리 **골절**[●]은 빠르게 또는 완전하게 **치료되지**^❷ 않을 수 있다.

⮎ A severe leg fracture may not heal quickly or completely.

1 fracture [frǽktʃər]
명 골절, 균열 동 골절되다

2 heal [hiːl]
동 고치다, 치료하다

안면[●] 신경의 **염증**^❷은 안면 **마비**^❸를 유발할 수 있다.

⮎ Inflammation in the facial nerves can cause facial paralysis.

1 facial [féiʃəl]
형 얼굴의, 안면의

2 inflammation [ìnfləméiʃən]
명 염증

3 paralysis [pərǽləsis]
명 마비

우울증[●]은 **치료를 받지 않는**^❷다면 큰 문제가 될 수 있다.

⮎ Depression can become a big problem if left untreated.

1 depression [dipréʃən]
명 우울증, 불경기

2 untreated [ʌntríːtid]
형 치료를 받지 않는, 미처리의

> **천식**◐은 정기적인 **감시**◑와 치료가 필요한 **계속 진행 중인**◉ **질환**◎이다.

　번 Asthma is an ongoing condition that needs regular monitoring and treatment.

1 asthma [ǽzmə]
　명 천식

2 monitoring [mɑ́nitəriŋ]
　명 감시

3 ongoing [ɑ́ngòuiŋ]
　형 계속 진행 중인

4 condition [kəndíʃən]
　명 상태, 질환

> **아토피성**◐ 피부염을 가진 사람들 중 약 3분의 1은 음식 **알레르기**◑가 있다.

　번 About one in three people with atopic dermatitis have a food allergy.

1 atopic [éitɑːpik]
　형 아토피성의

2 allergy [ǽlərdʒi]
　명 알레르기

> **기억상실증**◐은 **신경 계통의**◑ 손상으로 기억력이 없어지는 것이다.

　번 Amnesia is a memory deficit due to neural damage.

1 amnesia [æmníːʒə]
　명 기억 상실(증)

2 neural [njúərəl]
　형 신경의, 신경 계통의

그녀는 **정신과**[1] **병원**[2]에서 회복 중이다.

> She is recovering in a psychiatric clinic.

1 psychiatric [sàikiǽtrik]
혱 정신 의학의

2 clinic [klínik]
뗑 병원, 진료

임상 실험[1]은 새 치료법을 평가하고 **입증하는**[2] 유일한 방법이다.

> Clinical trials are the only way to evaluate and validate new treatments.

1 clinical trial [klínikəl tráiəl]
뗑 임상 실험

2 validate [vǽlədèit]
뙴 입증하다, 인증하다

그는 **응급실**[1] **의사**[2]로 근무하고 있다.

> He serves as an emergency room physician.

1 emergency room [imə́:rdʒənsi ru:m]
뗑 응급실

2 physician [fizíʃən]
뗑 의사, 내과의

만약 아이가 **코를 곤다**[1]면 **소아과 의사**[2]에게 문의해 보세요.

> If your child snores, ask your pediatrician about it.

1 snore [snɔːr]
뙴 코를 골다

2 pediatrician [pìːdiətríʃən]
뗑 소아과 의사

그 **외과 의사**①는 잠시 내 엑스레이를 **흘긋 보더니**② **수술**③을 받아야 한다고 말했다.

☞ After glancing briefly at my X-rays, the surgeon declared I needed surgery.

1 surgeon [sə́:rdʒən]
명 외과 의사

2 glance [glæns]
동 흘긋 보다 명 흘긋 봄

3 surgery [sə́:rdʒəri]
명 수술

그녀는 **자살 충동을 느끼게**① 되자 **정신과 의사**②에게 가기 시작했다.

☞ After she became suicidal, she began to see a psychiatrist.

1 suicidal [sùːəsáidl]
형 자살 충동을 느끼는

2 psychiatrist [sàikiǽtrist]
명 정신과 의사

그는 어느 **환자**①보다 오랫동안 **병실**②에 입원해 있었다.

☞ He has been in the ward for longer than any other patient.

1 patient [péiʃənt]
명 병자, 환자 형 인내심이 강한

2 ward [wɔːrd]
명 병실, 병동

그들은 상처에 **거즈**①와 **붕대**②를 두르고 침대에 누워 있었다.

☞ They lay in beds with gauze and bandages on their wounds.

1 gauze [gɔːz]
명 거즈, 투명하고 얇은 천

2 bandage [bǽndidʒ]
명 붕대

종종 인슐린은 가는 주사 **바늘**[1]과 **주사기**[2]를 이용해서 **주사된다**[3].

☞ Often, insulin is injected using a fine needle and syringe.

1 needle [níːdl]
명 바늘, 침

2 syringe [səríndʒ]
명 주사기

3 inject [indʒékt]
동 주사하다

보톡스 **주사**[1]는 완전한 의료 시술이어서 **진찰**[2]이 필요하다.

☞ A Botox injection is a full medical procedure and requires consultation.

1 injection [indʒékʃən]
명 주사

2 consultation [kὰnsəltéiʃən]
명 상담, 진찰, 협의

진단[1]은 **신체적**[2] 그리고 **정신적인**[3] 평가에 근거해서 내려진다.

☞ Diagnosis is based on a physical and mental evaluation.

1 diagnosis [dὰiəgnóusis]
명 진단

2 physical [fízikəl]
형 육체의, 신체의, 물질의

3 mental [méntl]
형 정신의, 정신적인

그의 얼굴은 **멍이 들었고**[1] **부어오르기**[2] 시작했다.

☞ His face was bruised and starting to swell.

1 bruise [bruːz]
동 멍이 생기다 명 멍, 타박상

2 swell [swel]
동 붓다, 부풀다

비행기 승무원들은 **응급 처치**[1] 훈련을 받지만 **의료**[2] **전문가**[3] 는 아니다.

☞ Flight attendants get first aid training, but they are not medical professionals.

1 first aid [fə:rst eid]
명 응급 처치

2 medical [médikəl]
형 의학의, 의술의

3 professional [prəféʃənəl]
명 전문직 종사자, 전문가 형 전문적인

어떤 사람들은 **한방**[1] **치료**[2]가 심한 기관지염을 **완화**[3]시킨다고 믿는다.

☞ Some people believe that herbal remedies offer relief from acute bronchitis.

1 herbal [hə́:rbəl]
형 허브의, 약초의, 한방의

2 remedy [rémədi]
명 치료, 의료

3 relief [rilí:f]
명 완화, 경감, 안도

췌장[1]에 있는 **종양**[2]은 보통 수술로 **제거**[3]해서 치료된다.

☞ A tumor in your pancreas is usually treated by surgical removal.

1 pancreas [pǽŋkriəs]
명 췌장

2 tumor [tjú:mər]
명 종양

3 removal [rimú:vəl]
명 제거

보충 어휘 ◑ appendix : 맹장

301

조직 검사[1]는 병원에서 보통 국소 **마취**[2]를 이용해서 행해질 수 있다.

A biopsy can usually be done in a doctor's office using local anesthesia.

1 biopsy [báiɑpsi]
명 생체 검사, 조직 검사

2 anesthesia [ӕnəsθíːʒə]
명 마취

보충 어휘 ◑ general anesthesia : 전신 마취

그는 **혈우병**[1] 치료를 위해서 **수혈**[2]을 하다가 에이즈에 **걸렸다**[3].

He contracted AIDS through a blood transfusion to treat his hemophilia.

1 hemophilia [hìːməfíliə]
명 혈우병

2 transfusion [trænsfjúːʒən]
명 수혈, 투입

3 contract [kántrækt]
동 걸리다, 계약하다 명 계약

의식이 없고[1] **반응이 없는**[2] 사람은 **혼수상태**[3]에 빠진 것이다.

A person who is unconscious and unresponsive is in a coma.

1 unconscious [ʌnkánʃəs]
형 의식이 없는, 무의식적인

2 unresponsive [ʌnrispánsiv]
형 무반응의, 반응이 느린

3 coma [kóumə]
명 혼수상태, 코마

(4) 약

나는 아내에게 **처방된 약**^❶을 찾기 위해 동네 **약국**^❷에 잠깐 들렀다.

☞ I stopped by my local pharmacy to pick up a prescription for my wife.

1 prescription [priskrípʃən]
명 처방전, 처방된 약

2 pharmacy [fɑ́:rməsi]
명 약국, 조제실

사마귀^❶ **약**^❷과 패치는 **약국**^❸에서 구할 수 있다.

☞ Wart medications and patches are available at drugstores.

1 wart [wɔ:rt]
명 사마귀

2 medication [mèdəkéiʃən]
명 약, 약물

3 drugstore [drʌ́gstɔ̀:r]
명 약국

그것은 캡슐 당 2달러지만 가장 **효과가 좋은**^❶ **약**^❷이다.

☞ It costs $2 per capsule, but it is the most effective medicine.

1 effective [iféktiv]
형 효과적인, 실질적인

2 medicine [médəsən]
명 약, 약물

그는 한 번에 하나씩 **알약**^❶ 2개를 **삼켰다**^❷.

☞ He swallowed two pills, one at a time.

1 pill [pil]
명 알약, 정제

2 swallow [swɑ́lou]
동 삼키다

> 나는 매일 식사 때 **종합 비타민**①과 칼슘 **정제**②를 먹는다.

> I take multi-vitamins and calcium tablets for my every day diet.

1 multi-vitamin [mʌltiváitəmin]
명 종합 비타민

2 tablet [tǽblit]
명 정제, 명판

보충 어휘 ◑ dose : 복용량, 투여량

> **발진**①이 나타나면 **연고**② 사용을 멈추세요.

> If a rash appears, stop using the ointment.

1 rash [ræʃ]
명 발진

2 ointment [ɔ́intmənt]
명 연고

> **처방전이 없이 살 수 있는**① **진통제**②는 무릎 통증을 완화시키는 데 도움을 준다

> Over-the-counter pain relievers can help ease knee pain.

1 over-the-counter [óuvər ðə káuntər]
형 처방전 없이 살 수 있는

2 pain reliever [pein rilí:vər]
명 진통제

> **항생제**①는 세균②을 죽이기 위해 **처방된다**③.

> Antibiotics are prescribed to kill bacteria.

1 antibiotic [æ̀ntibaiɑ́tik]
명 항생제, 항생 물질

2 bacteria [bæktíəriə]
명 박테리아, 세균

3 prescribe [priskráib]
동 처방하다, 규정하다